烧出脑洞

韩国东亚儿童取材小组 / 编著
黑板文化 / 译

江西科学技术出版社

※本书获得韩国出版文化产业振兴院（KPIPA）"2015年韩・中出版物制作支援"项目基金支持

This Simplified Chinese edition was published by
Jiangxi Science & Technology Publishing House Co., Ltd.
in 2016 by arrangement with Readlead Publishing Co.,Ltd. through IMPRIMA KOREA.

版权合同登记号 / 14-2016-0037

图书在版编目（CIP）数据

烧出脑洞 / 韩国东亚儿童取材小组编著；黑板文化译.
—南昌 :江西科学技术出版社, 2016.9（2017.8 重印）
ISBN 978-7-5390-5588-6
Ⅰ.①烧… Ⅱ.①韩… ②黑… Ⅲ.①科学知识—少儿读物 Ⅳ.①Z228.1

中国版本图书馆CIP数据核字（2016）第050813号

国际互联网（Internet）地址：http://www.jxkjcbs.com
选题序号：ZK2016003　图书代码：D16010-102

烧出脑洞

韩国东亚儿童取材小组 / **编著**　黑板文化 / **译**

策划编辑 / 刘丽婷　郑可欣　**责任编辑** / 魏栋伟　李玲玲
美术编辑 / 朱云浦　曹弟姐
出版发行 / 江西科学技术出版社
社址 / 南昌市蓼洲街2号附1号　**邮编** / 330009
电话 /（0791）86623491　86639342（传真）
印刷 / 江西千叶彩印有限公司
经销 / 各地新华书店
成品尺寸 / 188mm × 240mm　1/16
字数 / 90千　**印张** / 8.5
版次 / 2016年9月第1版　2017年8月第2次印刷
书号 / ISBN 978-7-5390-5588-6
定价 / 29.80元

赣版权登字-03-2016-101　

目录

Master

可以充当救助队、牧羊人、邮递员的万能的无人机

2015年，韩国对无人驾驶飞机（Drone）飞行许可证的办理程序进行了简化，并出台了相应的法规。为什么要这样做呢？其目的是为了推动韩国无人机产业的发展。

近年来，无人机受到了全世界的瞩目。那么，什么是无人机呢？我们该如何使用它呢？让我们通过下面这个有关无人机的故事来了解一下吧！

无人机能够在空中飞行的秘诀是什么？是升力！

你好！我是Drone！这是我的英文名字，意思就是“无人驾驶飞机”。我看起来是不是有点儿像蜜蜂？没错！

1930年，英国空军对一架教练机进行改造，于是就有了世界上第一架无人驾驶飞机。这架无人机的名称是“蜂王（Queenbee）”。不久之后，美国海军也开始制造无人机。后来，人们将无人机的名称换

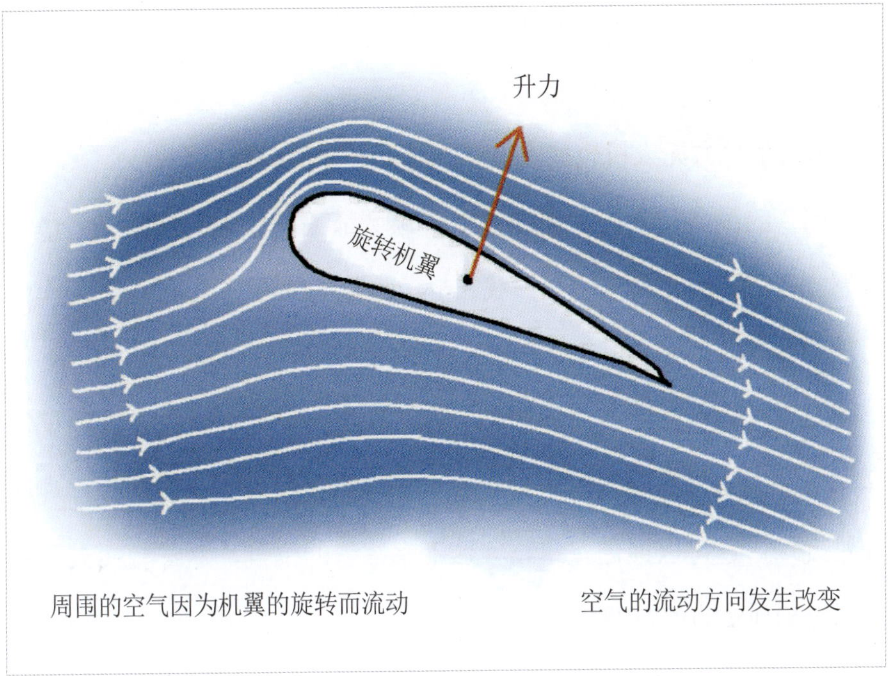

无人驾驶飞机升空的原理

成了如今的“雄蜂（Drone）”。

如今，无人机已经在全球家喻户晓了。

使用者给无人机安装应用程序之后，通过WiFi无线网络，就可以远程操控无人机了。即使不用人工操控，也可以通过卫星导航装置来操控无人机。

你们想知道我能在天空中飞行的秘诀吗？那是因为升力（向上牵引的力）。当上图中的旋转机翼滴溜溜地快速转起来之后，原来在水平方向流动的空气，会因为受到旋转机翼的影响而改变其流动方向，旋转的机翼会对空气施加一个向下的力，而空气对机翼也会施加一个向上的力，这个就是升力。这个升力可以让我在空中升起来哦！

危险的地方无人机也能大展拳脚吗？一样没问题！

如今的我，在救援、配送等很多领域都大有作为。近年来，最令我感觉有成就的一件事情——我在尼泊尔7.8级特大地震的搜救工作中可起了不小的作用哟！

由于当时地震受灾现场非常危险，救援人员的搜救作业受到了阻碍，于是人们将我放飞，通过我身上悬挂的摄像头，他们既可以观察灾难现场，还可以锁定建筑物残骸下幸存者的位置，这样救援人员就可以准确地实施搜救啦！

而且，在尼泊尔的文化遗产达拉哈拉塔的灾后现场，我还对已经坍塌的达拉哈拉塔进行了详细周密的观察。根据我身上悬挂的摄像头所拍摄到的视频，尼泊尔政府可以拟订出更合理的塔体修复方案。

无人机逐渐步入更多的行业，替代越来越多的人类工作

由于我被广泛地应用在很多行业，于是就会有很多人面临失业的危险。

最近，在新西兰，越来越多的牧场通过我来牧羊。牧场的主人在

我的身上安放摄像头，然后通过我在空中飞行摄像，就可以实时地掌握羊群的状况了。只要我紧紧地跟在羊群身后，羊就会因为受到惊吓而向前移动，这样一来，牧场主根本就不需要靠牧羊犬来放牧啦！

另外，在瑞士、法国等国家，还有代替邮递员派送文件的无人机。就连能够派送物品的无人机，也即将在瑞士等国投入使用了呢。

不知道将来还有谁会因为我而丢掉工作呢？

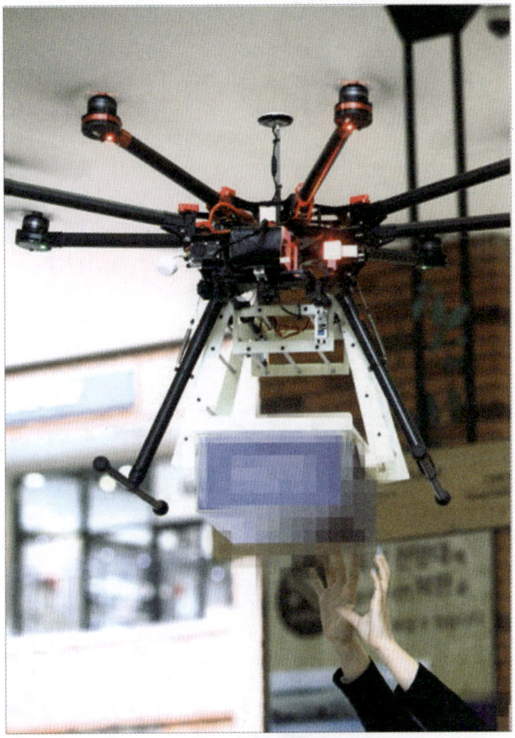

百货商店里正在帮助店员搬运货物的无人机（东亚日报资料图片）

不能利用无人机侵犯他人隐私

除了以上用途，也有些居心不良的人，对我加以恶意使用。

在美国，越来越多的娱乐记者利用我身上悬挂的摄像头，窥探好莱坞明星的私宅，对明星的私生活进行偷拍。这分明就是侵犯他人隐私啊！要知道，我们是不能够随意侵犯他人隐私的，无论对方是公众人物，还是普通人。

目前，全球越来越多的人认为，应该就我已经或

可能带来的危害加以探讨，然后找出相应的对策，杜绝这些危害。这是为什么，你们明白吗？因为使用者的目的不同，造成的后果就有好有坏。我既可以成为天使，也可能成为恶魔啊！

我也来论述

无人驾驶飞机有哪些优点和缺点？你可以根据上文的例子，就“无人机的优点与缺点”，试着发表一下自己的看法吧！

霸王龙——暴君蜥蜴王

1879年，人们发现了距今约1.5亿年前曾经在地球上生活过的一种食草恐龙的化石。一开始它们被命名为“雷龙（Brontosaurus）”，但由于雷龙和食草类恐龙——迷惑龙长得十分相似，于是在1903年，科学家们取消了“雷龙”的命名，把它们称为“迷惑龙”。

然而，时隔112年之后，科学家们又再次恢复了它们“雷龙”的命名。因为葡萄牙和英国的科学家们共同研究了数百种恐龙化石和化石图片，通过比较分析，最终确认雷龙是生物分类当中单独的一个属（所谓“属”，是生物分类当中的一个等级，属这个分级下面有一些形态相似的种。虽然恐龙已经灭绝了，但是和别的动物一样，人们依然按照林奈的生物分类法，对恐龙进行分类），并以此发表了论文。

雷龙这个名称是由希腊语的“雷声（*bronto*）”和“蜥蜴（*sauros*）”合并而来。因为雷龙在行走的时候，脚步声就像打雷一样，这也说明雷龙的块头特别大。

雷龙（东亚日报资料照片）

那么其他恐龙的名称又会有什么含义呢？

想象力丰富的名称

1822年，英国的古生物学家兼医生吉迪恩·曼特尔在一处工地上发现了恐龙的化石，这是人类第一次发现恐龙化石。曼特尔认为这个恐龙化石的牙齿和鬣蜥（Iguana）的牙齿相似，就给它起了“禽龙（Iguanodon）”这个名称。

1841年，英国的另一名古生物学家理查德·欧文发现这个恐龙化石的骨头和爬虫类的形态很不一样。于是，欧文将希腊语的“巨大得可怕（*deinos*）”和“蜥蜴（*sauros*）”进行组合，起了“恐龙（dinosaur）”这个名称。正因为人类丰富的想象力，恐龙最终才有了这么一个让人印象深刻的名称。

现在，如果发现了新的恐龙化石，发现者就会在相关的学术会议或杂志上发表论文。如果验证属实，那么新的恐龙属种就会诞生。这个时候，发现者在论文当中使用的名称，就会被列为“学名”（即全世界通用的称呼）。

一听到名称，就能立马想象出它的样子

在恐龙的名字里面，有很多是形容恐龙外表特征的。如“霸王龙（Tyrannosaurus Rex）”是由希腊语的“暴君（*tyrannos*）”和“蜥蜴（*sauro*）”、拉丁语的“王（*rex*）”这三个单词组合而成，原义就是“暴君蜥蜴王”。

虽然没有证据说明霸王龙是所有恐龙当中最强大的食肉恐龙，但是因为它的名字，人们便会理所当然地认为它是“恐龙中的王者”。

最近几年，韩国地质资源研究院完成了恐手龙剩余部位的化石发掘工作，并对其整体的模样进行了复原，引起了广泛的话题和关注。“恐手龙（Deinocheirus）”在希腊语里面的意思是“恐怖的手”。和霸王龙相比，恐

霸王龙
（东亚日报资料照片）

韩国三角龙（东亚日报资料照片）

手龙有着较长的前肢，并因此而得名。

2008年，在韩国京畿道的华城市发掘的恐龙化石被称为“韩国三角龙（koreaceratops）”。通常，凡是名称当中带有“-ceratops”后缀的，都是长角的恐龙。因此，只要看到这些恐龙的名称，就能在脑海里想象出它们大概的样子。

从名称就可以看出恐龙的特性

有一些恐龙是以人名和企业名来命名的，比如说“卡内基梁龙（Diplodocus Carnegiei）”。当初科学家在发掘卡内基梁龙化石的时候，美国资本家安德鲁·卡内基对这个项目进行了资助，于是就用卡内基的名字来命名挖掘出来的恐龙化石。至于“气龙（Gasosaurus）”，字面的意思是“会吐瓦斯的蜥蜴”。据说这是因为中国的一家天然气公司对当时的考古活动给予了大力帮助，最终才以此来命名的。

还有些恐龙的名称从字面就能体现其特性，如“慈母龙（Maiasaura）”的拉丁语含义就是“好妈妈蜥蜴”。据科学家研究发现，慈母龙的小崽儿从蛋里孵出来之后，成年慈母龙依旧会照看它们，慈母龙便因此而得名。

我也来论述

你喜欢哪些恐龙呢？请你画出3种自己喜欢的恐龙，然后说说这些恐龙的名字及其含义，以及和它们的名字有关的背景故事吧！

医学发展 VS 生命商品化

2015年，据海外媒体报道，泰国一名患有一种罕见疾病，年仅2岁的小女孩，将成为全世界年龄最小的接受人体冷冻技术的人。

所谓人体冷冻技术，是指当一些人患有当代医学条件下所无法医治的罕见疾病，或者是即将面临死亡的时候，可以选择在极低温的情况下把人体冷藏保存起来，等到未来有了先进的医疗科技能够治愈这种罕见疾病，或是能够延长寿命的时候，再把冷冻的人体解冻，使他们复活，并加以治疗和延长寿命。

上述报道中的小女孩的父母，在小女孩的疾病还没有恶化之前，选择让科学家将小女孩进行冷冻，等到未来有了先进的医疗技术能够治愈他们的女儿时，再将小女孩解冻复活，加以治愈。随着这件事情的广泛传播，人体冷冻技术又一次受到了世人的关注。

-196℃是人体冷冻技术的理想温度

人即使停止了呼吸，只要细胞仍然存活，依旧可以在未来医学条件下复活。就像心脏这样的身体器官，经过冷冻后，再恢复到正常的温度，依旧能保持正常的机能。基于这个理论，人体冷冻技术便应运而生。

下面介绍一下人体冷冻技术的流程：首先，在人体的细胞死亡之前，将人的身体麻醉，让体温降下来；随后，将人体内的血液换成人工血液；由于体温骤然下降，为了防止细胞膜破裂，此时需要在人的体内注射一种溶液；最后，对人体喷射氮气进行冷冻处理，将人体放置在-196℃的环境下进行低温贮存。

经过如此冷冻处理之后的人体，细胞不会衰老死亡，能一直维持原状。

知道世界上第一位用人体冷冻技术贮存遗体的人是谁吗？他就是美国心理学家詹姆斯·贝德福德。他于1967年死于肺癌，生前自愿申请成为冷冻人体，等到未来医学条件可以治愈癌症的时候，再将他复活。

将冷冻人体复活，还是一件很遥远的事情

20世纪70年代，美国人做了一项实验，将鱼进行急速冷冻，解冻之后，鱼成功地复活了。

虽然理论上，人体的各个器官在冷冻之后恢复到正常温度，其各项机能是可以恢复的。但是在现实当中，至今仍没有成功将冷冻人体解冻复活的案例。

对于人体冷冻技术来说，最大的问题就是大脑的解冻，尤其是恢复大脑里面的记忆，这是眼下最难解决的问题。有些科学家甚至设想是否可以利用非常小的纳米机器人，在人体解冻的过程当中，进入人的体内，将细胞一一复原，使人体机能恢复正常。科学家们期待着能

够在2045年完成这项纳米技术。

毁誉参半的人体冷冻技术

对于人体冷冻技术的评价一直以来都是毁誉参半。赞同者认为，该技术不仅可以挽救那些当代医学条件无法医治的病人，还可以促进医学的进一步发展。反对者则认为，冷冻人体不仅花费颇高，而且冷冻人体的流行，也可能会诱发人体器官的非法买卖活动。有反对者甚至认为，冷冻人体有损人类的尊严。

再者，即使冷冻人体成功地被复活，复活的人能否适应几十年乃至几百年后的社会环境呢？到时候会不会造成相应的社会问题呢？这些都不能不令人担忧啊！

我也来论述

对于人体冷冻技术，你是赞同还是反对呢？找出适当的例子，来发表一下自己的看法吧！

真的要“哼哧哼哧”游得最快才能存活下来吗

近年来，明星带着孩子一起参加的亲子类综艺节目相当受欢迎。因为此类节目展现了孩子们的活泼可爱，受到了广大观众的普遍喜爱，所以获得了很高的收视率。一看到那些小手小脚、粉嘟嘟圆脸蛋儿的小孩子们，人们的嘴角就会泛起微笑。那么，这些可爱的小孩子是如何诞生的呢？

一个小生命的诞生，需要男性的生命种子——精子，与女性的生命种子——卵子相遇，合成受精卵，然后在女性的肚子里再待上大约280天的时间。那么，精子和卵子是如何相遇的呢？看看下面这个有关精子的故事你就会明白了。

像小蝌蚪一样的精子

精子是发育成熟的男性体内的生命种子。但是，仅仅只有精子，是不能产生新的生命的，一定要和成熟女性的生命种子——卵子相结合才行。因此，精子最大的目标就是遇到卵子。

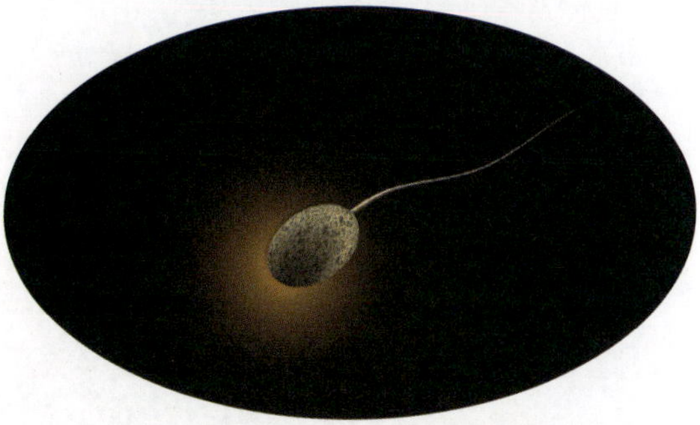

像蝌蚪一样的精子

精子长得像蝌蚪一样，有着圆圆的头部和长长的尾巴。头部含有亲代细胞核。这个亲代细胞核与卵子里面的亲代细胞核相遇，就会形成一个完整的生命。

所有的精子通常最终只有一个能活下来

男性一次排出体外的精子多达2亿~3亿个。精子进入女性身体后全都开始奋力地摆动着尾巴向前游。然而，只有最先遇到卵子的精子，才可以存活下来。那些没有遇到卵子的精子，因为没有用处，很快就会死掉。

对于精子来说，想要见到卵子，这一路上可谓是千难万险。

通过阴道之后，精子会路过子宫向着卵子所在的输卵管移动。在这个过程当中，有些精子会错把子宫壁当作卵子，一头扎进去而丢了性命；有些精子会互相撞到头部而相继死去。

在平安无事地通过子宫之后，还有一部分的精子仍然会错失与卵子结合的“良机”。这是为什么呢？因为大部分女性只有单侧输卵管排卵，“选错路”的那部分精子就只能感叹“有缘无分”了。最后，到达输卵管的精子一般只有50~60个而已。

在进入输卵管之后，这几十个精子依然不能放松警惕。因为这些

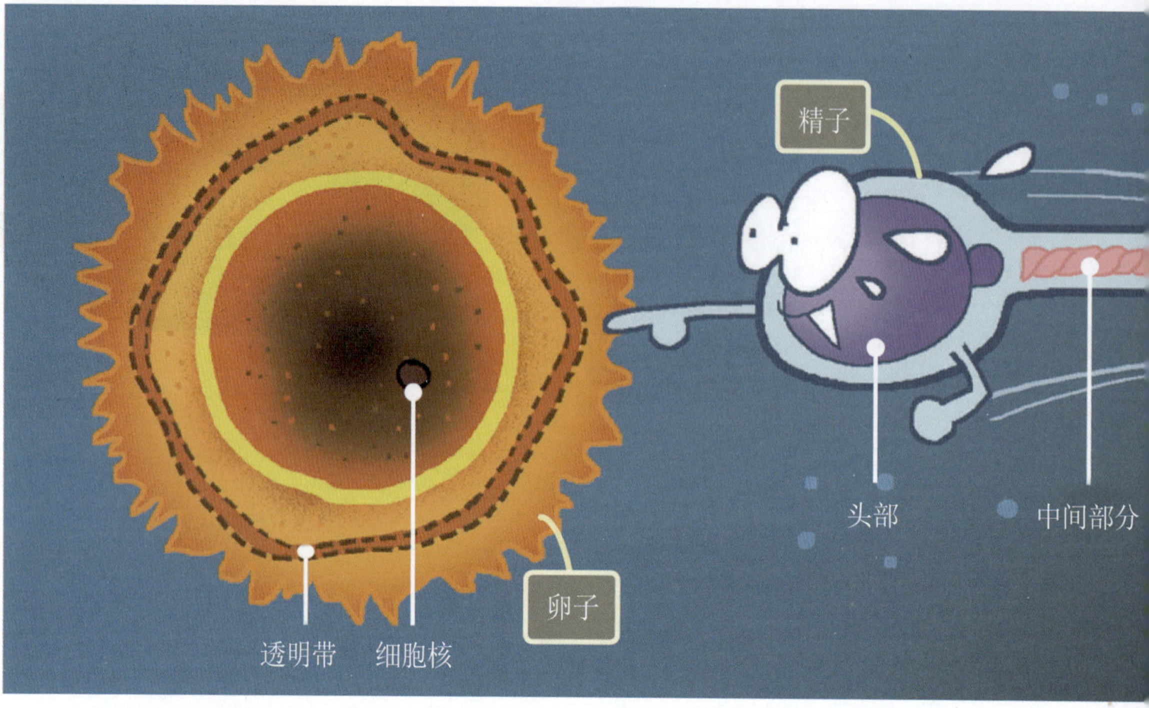

精子游向卵子模拟图

精子当中，只有一个能够钻进卵细胞和卵子真正地结合在一起。

卵子是什么样子的呢？卵子外面是透明带，卵子里面有细胞核，细胞核里面有遗传物质。

精子的头部有一种叫顶体的物质。顶体可以释放顶体酶，溶蚀掉卵细胞的透明带。最先遇到卵细胞的精子，会用顶体酶溶蚀掉卵细胞的透明带，如果因为太累了败下阵来，将会由别的精子接替，继续溶蚀。最终会有一个精子，幸运地将透明带穿透，见到卵子。

精子与卵子成功结合之后的产物叫作“受精卵”。受精卵通过细胞分裂、分化形成胚胎。而受精卵从输卵管移动到达子宫，还需要5~7天的时间。到达子宫之后的受精卵此时已发展成早期胚胎，它会在子宫

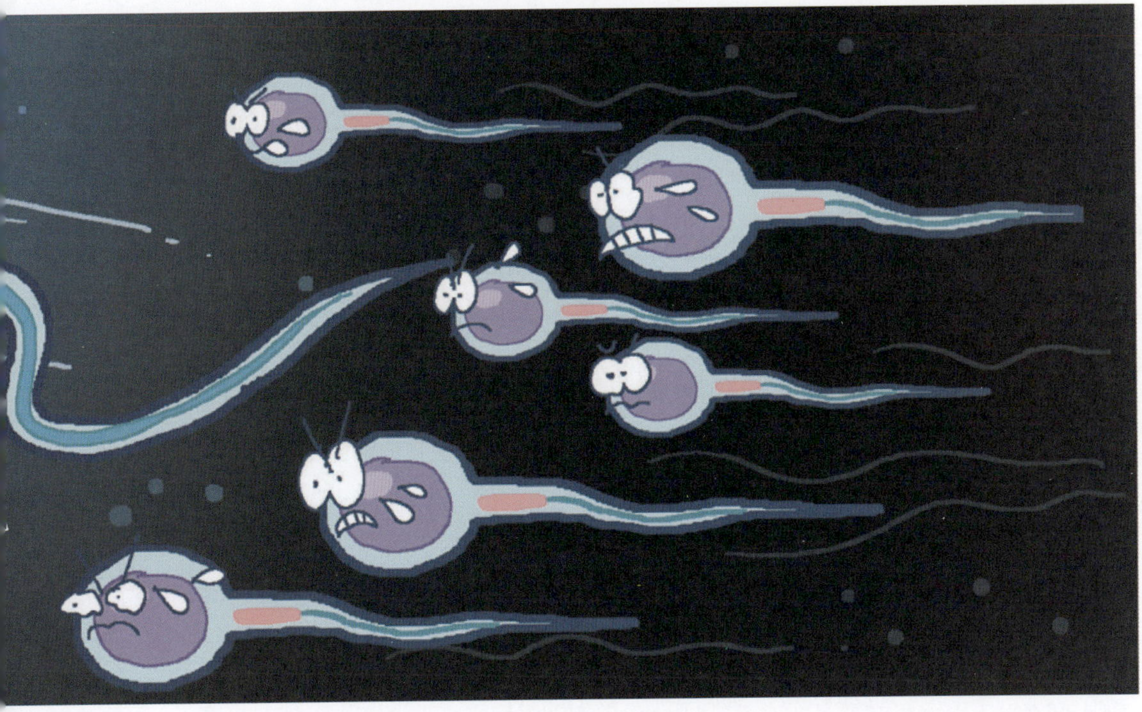

壁里找个舒适的地方安家。这个过程被称为“着床”。以上所有的过程结束之后，就可以确定怀孕了。

只有拇指大小的手脚

着床的受精卵在母体子宫内生长发育大约需要280天，待女性分娩之后就是可爱的小婴儿了。

在女性怀孕最初的6周，小宝宝的大脑、心脏、肾脏、肝脏、脐带等一些身体器官就长出来了。这个时候形成的个体叫作胚胎。胚胎的大小为0.5厘米左右。在这个时期会产生薄薄的、半透明的膜，对胚胎进行保护。这个膜被称为“羊膜”，里面装满了羊水。羊水可以给胚胎提供一个舒适温暖的成长环境，使胚胎不受外部环境的影响。

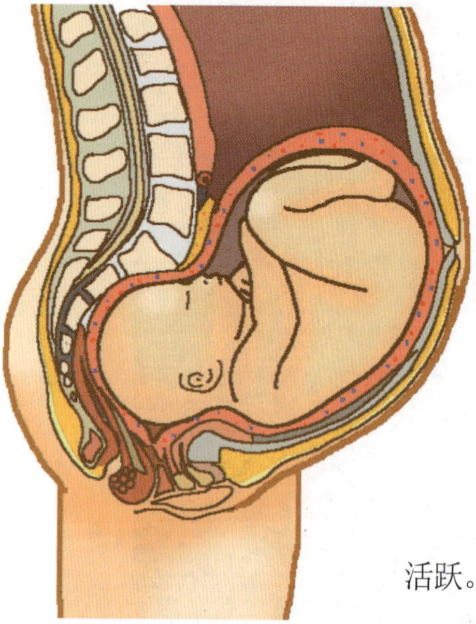

在女性肚子里睡着的婴儿

孕期的第8周，胚胎开始长出胳膊、腿、手指、脚趾等大部分身体器官。此时胚胎的大小约为2.5厘米。只有拇指大小的手脚，一动一动的，是不是很神奇呢？

胚胎发育9周之后就成为胎儿了。有着清晰的脸部轮廓，全身的汗毛也都长出来了，几乎发育完全，有了人的样子。

胎儿在子宫里面一会儿睡觉，一会儿醒来，很活跃。胎儿也可以听到外面传来的声音，甚至连外界的光线明暗，都可以感知得到呢！

在大约40周之后，随着一声响亮的哭声，在子宫里面茁壮成长的小宝宝就来到这个世界上啦！

更进一步

看了上面这篇文章之后，你应该明白自己能出生到这个世界上，是一件多么不容易的事情了吧！每一个人都是被挑选出来降临到这个世界上的，让我们给自己写一封信来加油打气吧！

在同一个“房间”长大的孩子，相貌是一样的

在亲子综艺节目当中，经常会出现双胞胎甚至三胞胎小朋友，非常耀眼夺目。双胞胎指的是妈妈一次生下来的两个小孩。

比如说，韩国歌手Shoo（刘秀英）的双胞胎女儿罗熙和罗律，韩国搞笑艺人李辉才的双胞胎儿子书言和书俊，韩国演员宋一国的三胞胎儿子大韩、民国和万岁。那么，双胞胎到底是如何诞生的呢？而且双胞胎当中，有的长得一模一样，有的长得不一样，这到底是为什么呢？

罗熙和罗律长得一模一样的原因

同样有着水灵灵的大眼睛、圆圆脸蛋的罗熙和罗律姐妹俩的相貌一模一样。这种长相一样的双胞胎叫作“同卵双胞胎”。同卵双胞胎的性别、血型都是完全一样的。

在小生命诞生的过程当中，精子与卵子在输卵管里面结合，再移动到妈妈肚子里的婴儿房——子宫里面。同卵双胞胎，是由一个精子

与一个卵子结合产生的一个受精卵一分为二，成为两个独立的个体，这两个独立的个体在妈妈的子宫里面一同长大。这两个受精卵拥有完全一样的染色体和基因物质，因此他们就会长成相貌一样的双胞胎。

书言和书俊长得不一样的原因

书言和书俊长得不一样，他们是很容易分辨出来的双胞胎。哥哥书言脸形稍长，弟弟书俊脸蛋圆鼓鼓的。这样的双胞胎称为“异卵双胞胎”。

与同卵双胞胎不同，异卵双胞胎是由两个精子分别与两个卵子相结合，形成两个受精卵。在子宫里面，两个受精卵与母体之间由两个胎盘分别连接，它们分别从两个胎盘（胎儿和妈妈相连接的器官，起到交换母子间气体、供应营养物质、排除胎儿体内的代谢产物的作用）吸收营养。两个胎盘之间有隔膜，将子宫分成了两个“房间”。

两个受精卵在各自的“房间”通过各自独立的胎盘来吸收营养，拥有不一样的染色体和基因物质，成长为相貌不同的双胞胎。有时候异卵双胞胎的性别甚至也不相同。

三胞胎是如何诞生的呢？

宋一国的三个儿子大韩、民国和万岁：老大大韩作为哥哥，对弟弟们都很照顾；老二民国很单纯，经常撒娇；老幺万岁非常孩子气，很淘气。他们是无论相貌还是性格都不相同的三胞胎兄弟。像这种三

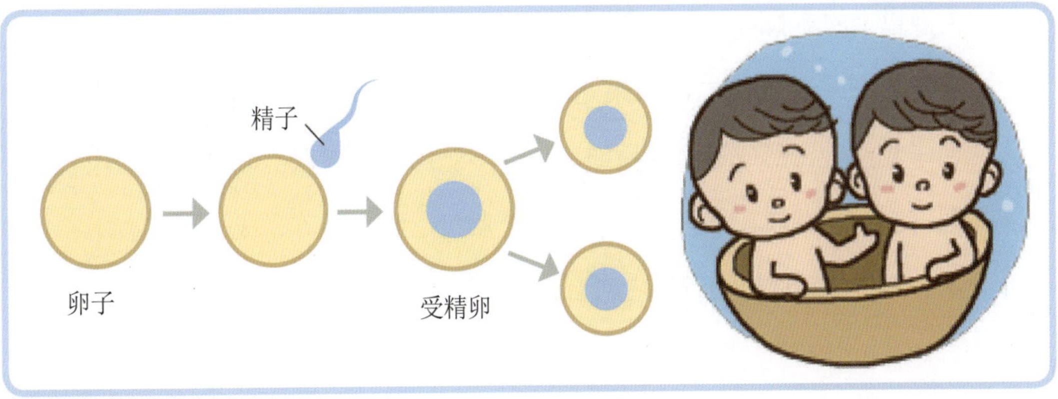

同卵双胞胎是由一个精子和一个卵子相结合，形成一个受精卵，之后再分裂成两个受精卵。

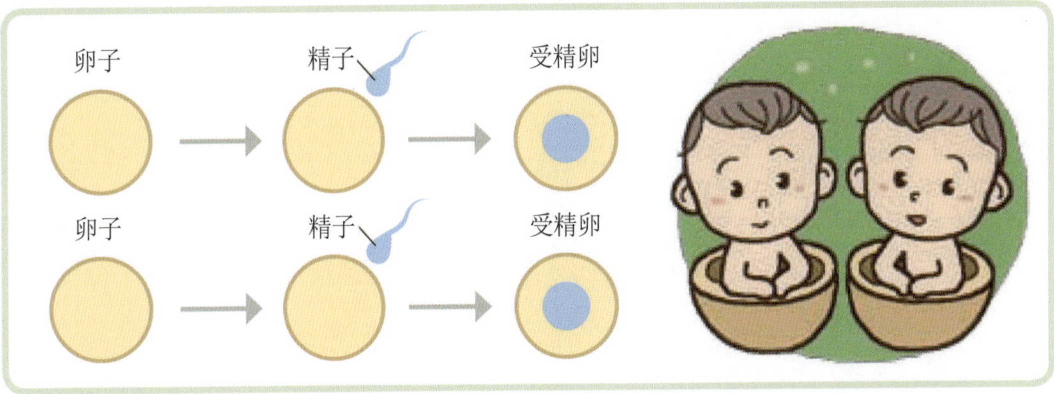

异卵双胞胎是由两个精子分别和两个卵子相结合，形成两个受精卵。

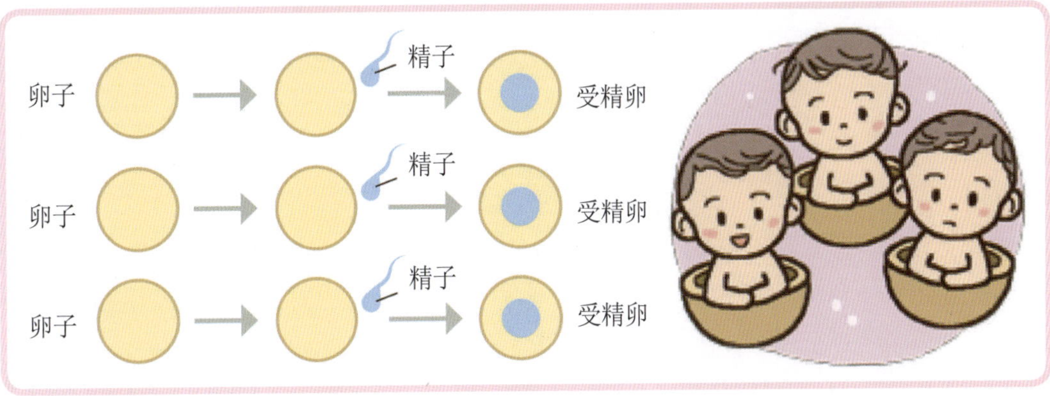

异卵三胞胎是由三个精子分别和三个卵子相结合，形成三个受精卵。

人及以上的多胞胎，我们称之为“异卵多胞胎”。

异卵多胞胎当中，如果是三胞胎，则需要三个精子分别和三个卵子相结合，形成三个受精卵。异卵多胞胎和异卵双胞胎是一样的道理。三个受精卵在子宫里分别从三个胎盘上吸收营养，成长为有着不同外形特征和遗传物质的三胞胎。

海水浴场的沙子是怎么形成的呢

夏天的时候，很多人都会去海边游玩。说到海滨的魅力，其一就是海水浴场。那么，海水浴场的沙子是怎么形成的呢？为什么沙子的颜色会不一样呢？

玄武岩风化之后会形成黑色的沙子

语童小朋友：哇！牛岛的沙滩原来是耀眼的白色啊！这应该就是“白色沙滩（白沙场）”吧。

万事通罗博士：恭喜你，答对了。不过，你知道济州岛上还有黑色的沙子吗？

语童小朋友：嗯？黑色的沙子？是不是人们把沙子染成了黑色？

万事通罗博士：哈哈，这是因为沙子的成分各不相同啊。现在我们看到的白色，是贝壳、海螺这一类的海洋生物的外壳被打碎后形成的沙子混在一起后显现出的颜色。

济州市牛岛的白色沙滩（东亚日报资料照片）

至于黑色的沙子，则是由一种叫作玄武岩的岩石被打碎后形成的。你有没有看到过一种上面有着大大小小的孔洞的黑色岩石呢？那个就是玄武岩了，是由火山喷发出的岩浆冷却后凝固而成的。

语童小朋友：可是学校的运动场里的沙子是黄色的呀！

万事通罗博士：那个是石英石磨碎之后形成的啦！

语童小朋友：啊？您是说，这些小小的沙子，都是由巨大的岩石变成的？

万事通罗博士：沙子也不是一开始就是沙子呀。海边的岩石在海风和浪涛的作用下，会慢慢变小。岩石成为碎石，碎石再成为沙子。如果沙子再细小的话，就是泥土了。这个过程，我们将它称为

“风化”。

语童小朋友：哇！那么，从岩石变成沙子得需要多长时间呢？

万事通罗博士：谁知道呢！这个时间可能比我的年龄还要长吧。语童啊，不要只是站在这儿看着嘛，快去好好儿玩一玩吧。

咕噜咕噜滚烫的沙滩

语童小朋友：啊！好烫！本来还想光着脚在沙滩上跑呢，可是沙子也太烫了吧！

万事通罗博士：这个嘛，是因为沙子的比热容较小的缘故啦。在太阳的照射下沙子很容易变得炽热，你这样光着脚跑上去，滋味一定不好受，以后要小心一点啊。

语童小朋友：比热容是什么？

万事通罗博士：比热容指的是某种物质，在1克的重量下，每提升1℃的温度所需要的能量。比热容较小的话，温度提升得就快，即使只被太阳光照射一会儿，沙子也会很快就变得热烘烘的。打个比方，假使水的比热容为“8”，那么沙子大约就是“2”。

语童小朋友：原来如此。虽然我的脚被烫到了，但还是要赞美一下沙滩，是它让大海变得更加美丽了。

万事通罗博士：不过让人难过的是很多地方的沙滩面积正在慢慢

石英石磨碎后形成的黄色沙子（东亚日报资料照片）

玄武岩风化后形成的黑色沙子（东亚日报资料照片）

地减少。

语童小朋友：这是为什么呢？

万事通罗博士：这主要是因为人们在海边修建道路、宾馆、防波堤（为阻断波浪的冲击力修建的堤坝）和一些人工建筑的缘故。这些建筑物阻挡了海风海浪，致使海边的岩石不能风化，就变不成沙子了。所以近年来，很多海水浴场只好买沙子来人工建造沙滩了。

语童小朋友：看来想要维持这样的自然景观，就应该减少人工开发对自然的破坏。

脂肪“咚咚”，肌肉“扑通”

为了缓解夏季的酷热，很多人会选择在室内游泳馆避暑。在清凉的水里游泳，可以暂时忘记暑热。

可是人不像鱼一样有鱼鳍，又是怎样在水里游动的呢？而且，人的身体又是如何在水里面浮起来的呢？让我们一起来探寻一下游泳所蕴含的科学道理吧。

在水中，密度越小，浮力越大

让我们把大小相同的泡沫和铁块同时放在水里来看一看。泡沫很轻，浮在水面上，而铁块沉到了水底。铁块和泡沫大小相同，为什么铁块在水里却浮不起来呢？这是因为铁块的密度比泡沫的密度要大得多。同样的体积，密度越大的物体，重量越大。铁块的密度高于水的密度，自然也就沉到水底了。

那么，和水相比，人体的密度是更大还是更小呢？大体上来说，人体脂肪的密度比水小，肌肉的密度和水差不多，甚至比水要大一些。由于人的躯干部分脂肪比肌肉多，因此躯干的密度小于水的密度；但是人的胳膊和腿部肌肉比脂肪多，因此密度要大于水的密度。这就是为什么在水中，人体的躯干比四肢受到的浮力更大的原因。人们在游泳的时候，腿用力打水，就是为了让沉在水里的腿浮上来。

水将物体推上去

人们在水里游泳的时候，受到了浮力。那么浮力是什么呢？在水

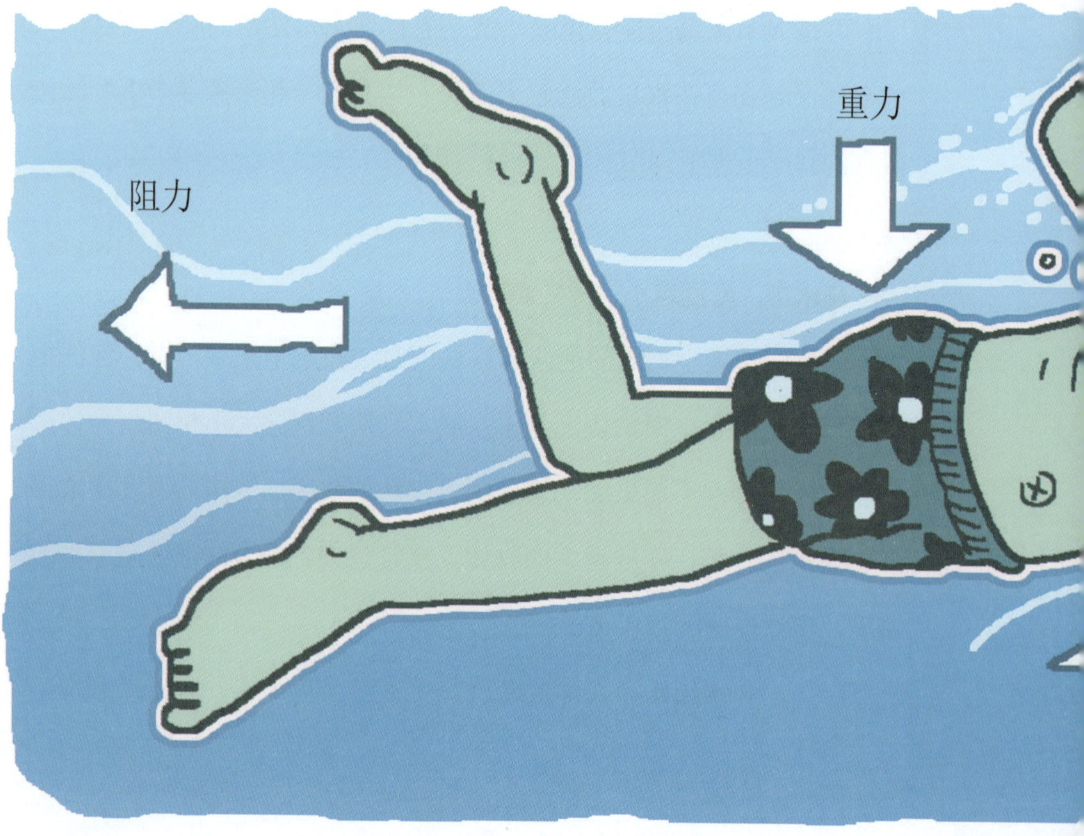

人游泳时各种受力的示意图

里面放入某个物体的时候，这个物体在水中的部分会排开同体积的水。这是因为物体受到重力的缘故。这个时候，水会给物体一个反作用力，将物体向上面推，这个力就叫作“浮力”。

物体浸入水中的体积越大，水将物体向上推的浮力也就越大。我们来举例说明一下，让我们把重量相同的块状黏土和碗状黏土同时放入水中来看看吧。

结果，块状黏土沉到了水里，而碗状黏土浮在了水面上。这是因为，同等重量的黏土，碗状黏土的体积比块状黏土的体积更大的缘故，体积越大，受到的浮力越大，因此就在水中浮起来了。

怎样才能游得更快更远

人们在水中游泳的时候，水流会推动人体前进。这个推动人体前进的力，被称为“推力”。另一方面，人们在水中运动的时候，产生的水波向周围扩散，会阻碍人体的前进。这个水波对人体造成的阻碍，我们将它称为“阻力”。

人们在游泳的时候，如果想要快速前进，那么推力就必须大于阻力才行。要想减少水波阻力，就必须减少身体在水中受阻的面积。在不同的游泳姿势中，自由泳可以最大限度地减少阻力。自由泳就是用俯卧的姿势，两只胳膊左右轮换地划水，同时腿部打水。

自由泳是根据身体的流线而创造的游泳姿势（手和脚笔直地贴紧身体，身体俯卧，头肩稍高于水面）。这样，身体周围的水会自然地流动，不会产生水波阻力。而且，一只胳膊在水中划水的时候，另一只胳膊和肩膀应该在水面上，这样身体在水中的受力面积就会减少。这样游泳既快又省力。

棕头鸦雀为什么会养布谷鸟的孩子

在自然界当中，有一些动物会骗别的动物来替自己养孩子，而自己则根本不用操心养育的事儿。

这里最具有代表性的就是灰蝶。灰蝶会骗蚂蚁来替自己抚养幼虫，而自己却不费任何力气。灰蝶在花里面产卵，卵里面孵化出来的幼虫会离开花朵，自己去找蚂蚁的窝。虽然这一切很不可思议，可是蚂蚁还是会将灰蝶幼虫带回蚂蚁窝悉心地抚养它们长大。

那么灰蝶幼虫是如何欺骗蚂蚁的呢？最近这个秘密终于被揭开了。前不久，意大利的生物学家通过网上公开的学术杂志披露了一项研究：胡麻霾灰蝶的幼虫为了在蚂蚁窝里面寄生（不能独自生活，要依靠别的动物来生活），会模仿蚁后的叫声。

和灰蝶一样，布谷鸟和暗色拟扁吻鲌之所以能够把孩子寄养在别的动物那里，也是因为善于伪装和欺骗。布谷鸟和暗色拟扁吻鲌这两种动物，都是在别的动物的窝里面产卵，让别的动物误以为这

棕头鸦雀
（东亚日报资料照片）

些卵是自己的孩子，然后把这些“异类”的孩子抚养长大。

把蛋下在棕头鸦雀窝里面的布谷鸟

布谷鸟会把自己产下的蛋放在棕头鸦雀的窝里面。趁着棕头鸦雀不在的时候，雄性布谷鸟负责望风，雌性布谷鸟以最快的速度在棕头鸦雀的窝里面产卵。产卵所花费的时间不会超过10秒。为了能够欺骗棕头鸦雀，布谷鸟还要把棕头鸦雀窝里面原有的棕头鸦雀蛋给叼一个出来。这一切做得天衣无缝。

布谷鸟的蛋和棕头鸦雀的蛋，无论是样子还是颜色都很相似，于是布谷鸟就这么神不知鬼不觉地把棕头鸦雀给骗了。

布谷鸟下的蛋在棕头鸦雀窝里面孵化出来，棕头鸦雀妈妈会尽心竭力地把小布谷鸟养大。当小布谷鸟长大一些的时候，它的体积会比小棕头鸦雀大得多，大概是小棕头鸦雀的2倍以上。小布谷鸟为了获得更多的食物，会叫得很大声，来催促棕头鸦雀妈妈喂食，甚至会把窝里面的小棕头鸦雀给推到窝外面去。

为什么布谷鸟们要做这种“厚颜无耻”的事情呢？这是因为它们通常在北温带待3个月左右（每年5~8月）就要往南飞了。这期间，布谷鸟根本没有充足的时间去筑巢产卵养孩子。而且，它们需要飞到特

棕头鸦雀在给布谷鸟的孩子喂食（东亚日报资料照片）

别远的地方，因此它们需要更多的食物来补充能量，就没有其他精力去筑巢哺育自己的后代了。

暗色拟扁吻鮈把自己的卵产在了朝鲜少鳞鳜的产卵地

暗色拟扁吻鮈是栖息在韩国最干净的河流当中的本土淡水鱼。它会把自己的卵产在一种叫作“朝鲜少鳞鳜”的淡水鱼的产卵地里面。

雄性的朝鲜少鳞鳜在交尾之前，都会将水下石头的表面清扫得干干净净，以此来引诱雌性朝鲜少鳞鳜产下黄色的卵，然后雄性朝鲜少鳞鳜再过来排精子，这样精子和卵子结合孵化成小鱼。等到朝鲜少鳞鳜产卵受精结束之后，三四十条暗色拟扁吻鮈就会成群结队地侵入这

朝鲜少鳞鳜（东亚日报资料照片）

些朝鲜少鳞鳜的产卵地。朝鲜少鳞鳜为了保护自己的产卵地，拼命地想赶走这些“无耻”的异类，无奈它们在数量上处于劣势，不得不面临“赶跑这个，来了那个”的尴尬局面。这时，雌性的暗色拟扁吻鮈就会趁机在朝鲜少鳞鳜的产卵地上面产卵。而雄性的暗色拟扁吻鮈则在卵上面排放精子。就这样，朝鲜少鳞鳜的卵和暗色拟扁吻鮈的卵最终混在了一起。随后暗色拟扁吻鮈离开，而雌性的朝鲜少鳞鳜也会随即离开。

留下来的雄性朝鲜少鳞鳜会摆动鱼鳍来给朝鲜少鳞鳜的卵和暗色拟扁吻鮈的卵供氧，同时它还会抵挡那些企图接近卵的动物。朝鲜少鳞鳜的卵孵化需要14天，而暗色拟扁吻鮈的卵孵化只需要10天左右的

暗色拟扁吻鮈（东亚日报资料照片）

时间。首先孵化出来的是暗色拟扁吻鮈的幼鱼，这些暗色拟扁吻鮈的幼鱼，在朝鲜少鳞鱖的幼鱼孵化出来之前，就率先离开产卵地了。

暗色拟扁吻鮈为什么要做这种“卑鄙”的事情呢？一般来说，鱼类是不照顾自己所产下的卵的。鱼类之所以会产下很多的卵，就是为了保证有一定数量的后代能够存活下来，即使有一部分的卵被其他动物吃掉，剩下的卵孵化出来的幼鱼，仍然能保持一定的数量。

暗色拟扁吻鮈为了使它的卵成活率更高，因此选择在朝鲜少鳞鱖建造的产卵地里面产卵。虽然这看起来有一些“卑鄙”，但它们这么做也都是为了种族的延续。这也算得上是一种生存的战略吧。

使本土植物因缺水而干死的刺果瓜

2014年3月，澳大利亚詹姆斯库克大学的乔纳森·科尔比教授等11名科学家在国际学术杂志《自然》上面发表了一篇文章，介绍了在非洲东南部岛国马达加斯加的最大港口图阿马西纳附近，第一次发现了来自亚洲的黑眶蟾蜍。据推测，这种蟾蜍是通过货轮从东南亚到达马达加斯加的。

由于黑眶蟾蜍喷射的剧毒毒液能杀死其他动物，这使得马达加斯加当地原有的狐猴、蛇、鸟等一些物种面临着灭绝的危机。对于应该如何处理此事，科学家们感到十分困惑。

实际上，在全球各地，外来物种（从外国或是国内其他地区流入当地的所有物种）破坏当地生态系统，使当地原有物种陷入灭绝危机的事情已不在少数。那么，这些外来物种究竟会给当地生态系统造成怎样的危害呢？让我们一起来看看吧。

刺果瓜遮挡了阳光，以至于本土植物接受不到光照

原产于北美的刺果瓜是葫芦科一年生植物。1990年入侵韩国的刺果瓜，生命力顽强，繁殖力旺盛，迅速地在韩国全国范围内扩散开来。韩国国立环境研究院的调查结果表明，在洛东江地区，刺果瓜的覆盖率占据了当地植被覆盖率的78%以上。

刺果瓜一旦发芽（从种子胚胎到芽的过程），会迅速地扩散开来。通过3~4个卷须攀上树木，遮挡住其他植物的叶和根，使其他植物无法接受到日光的照射，从而无法生长。并且，刺果瓜还会释放出一种抑制其他植物生长的物质，使其他植物死亡。

田边将草丛完全覆盖住的刺果瓜（东亚日报资料照片）

另外，刺果瓜的繁殖力之强还表现在它的子房上。单个子房里面就有2万多个种子。而且，刺果瓜种子的生命力极为顽强，在环境不适合发芽的情况下也不会死亡，甚至有60年之后再发芽的现象。

被遗弃的巴西龟原来生命力如此强

巴西龟（东亚日报资料照片）

原产于北美密西西比河流域的巴西龟自1980年开始，作为一种宠物流入韩国境内。人们把家养的巴西龟拿到野外放生，以至于扩散到韩国全国的河流、湖泊、水库当中。

巴西龟最大可以长到30厘米，它的生存能力非常强，即使是在污浊的水中，也能够生活得很好。作为被人们遗弃的宠物，巴西龟不仅会捕食鲫鱼、泥鳅等，同时还会吃掉水中生存的昆虫和两栖动物。对于巴西龟来说，即使是相当于巴西龟身长2/3的鱼，它们一天也可以吃上5~6条。在巴西龟的原产地，因为有猛禽之类的天敌，所以巴西龟的数量保持在可控范围内。然而在韩国，巴西龟却没有这样的天敌。

大口黑鲈捕食韩国本土鱼

原产于北美的大口黑鲈最大可长到60厘米。它的背脊是深青色的，肚子是黄色的，体侧有着长长的青棕色条纹。大口黑鲈的得名是因为这种鱼的嘴巴特别大。大口黑鲈处于食物链的上端，会捕食水中的昆虫、虾、小鱼等。

由于大口黑鲈生长速度快，因此在1973年韩国最困难的时候，它被作为食用鱼从美国引进了500条进行繁殖。然而目前韩国全国各地，无论是河流、湖泊还是水库中，都能够见到它们的身影。与本土鱼相比，大口黑鲈的繁殖力十分旺盛。每年5~9月的时候，一条大口黑鲈可以产卵26万余个。

大口黑鲈（东亚日报资料照片）

人能够将球投掷出去，袋鼠能够跳跃……都归功于动能

让我们回想一下棒球投手投掷棒球的样子吧！手里拿着棒球，朝着目标方向，挥动手臂，用力地投掷出去。那么，人类什么时候开始有了投掷东西的行为呢？其他的动物是否能够像人类一样，快速地投掷呢？

投球的时候，肩膀聚集了动能

距今160万~25万年前，分布在世界各地的人类祖先——直立人，掌握了用力投掷的方法。2013年，美国华盛顿大学的尼尔·洛奇教授在专业性学术刊物《自然》上发表的论文中指出，直立人投掷石块、木头、标枪等物品的行为，对狩猎起到了很大的帮助。

研究人员发现，人类是唯一可以快速投掷物体的动物。人类投掷的球，最快可以达到时速150千米。

为了弄清楚为何人类可以如此快速地投掷物体，研究人员进行了

相关的实验。研究人员以大学生棒球运动员为实验对象进行实验。研究人员给棒球运动员们戴上了辅助的器具，让他们模仿直立人的动作进行投掷。与此同时，研究队实时拍摄了三维立体的影像进行分析。

根据分析所得出的结果，人类在投掷物体的时候，肩膀会像弹弓一样，先聚集动能，然后再将物体投掷出去。

这就好比弹弓上面的橡皮筋被拉动一样，弹性（在外力作用下导致物体形变，撤销外力之后恢复原状的一种性质）势能被聚集起来。当投手向后挥动手臂的时候，肩膀部位的肌腱、韧带、肌肉同时被拉动，聚集了弹性势能。也就是说，在投掷的时候，肩膀部位的肌腱、韧带和肌肉，与弹弓上面的橡皮筋起着同样的作用。肩膀上聚集的弹性势能，通过手臂传达给物体。这样，物体在动能的作用下，就快速地飞了出去。

一蹦一跳的袋鼠，两只脚像弹簧一样

袋鼠多亏有了弹性势能，才不会跳得那么辛苦

研究人员发现，人类的投掷能力是所有动物当中最强的。洛奇博士发现，动物当中最近似于人类的黑猩猩的体力非常强，运动能力也十分卓越，然而它们的投掷能力却很差。黑猩猩投掷出去的东西，最快也只能达到时速30千米，这个速度和小学五年级的孩子投球的速度相比，也仅仅只有后者的1/3而已。

尽管黑猩猩的手臂和肩膀的肌肉都十分发达，但是和黑猩猩相比，人类的投掷能力要强得多。原因就在于人类的肩膀可以聚集更多的弹性势能。

在这个研究结果发表之前，美国纽约州立大学石溪分校解剖学教授苏珊·拉尔森发表的有关腿部聚集的弹性势能的研究结果也受到了广泛的关注。拉尔森教授曾举例说，成年袋鼠只用两条后腿进行跳跃，就算把孩子装在自己腹部的口袋里，它们那像弹簧一样的后腿依然可以帮助们在平地上很轻松地跳过2~6米的栅栏。

拉尔森教授对此进行了说明，虽然袋鼠腹部的口袋里装着幼崽，第一次跳的时候需要很大的动能，但是，随着弹性势能在腿部不断地累积，接下来的连续跳跃就不那么费力了。

小到自行车零部件、大到宇宙空间站，都可以打印了

3D（三维）打印，是将物体立体地打印出来的快速成型技术。3D打印的核心就是“选择性激光烧结技术”。该技术运用粉末状材料，通过激光烧结、凝固（变成固体），再一层一层堆积起来。只要掌握了这个技术，就可以用粉末状金属或塑料，通过逐层打印的方式来构造物体。

3D打印机的价格为每台56万~280万元。由于其价格十分昂贵，此前多用于医疗领域。但随着2014年2月美国一家公司所有3D打印技术专利的到期，3D打印技术专利解禁，估计将来3D打印机的价格会降到几十万元一台，3D打印的应用范围也将会更加广泛。

让我们来看一下，3D打印技术将会给制造业带来怎样的变化吧。

有了3D打印技术，只需要生产一部分零部件就可以了

使用3D打印机可以减少原材料的消耗。3D打印特别适用于汽车制造、航空制造领域。目前，汽车和飞机所使用的零部件，大部分是通过金属切割制成的，若是改用3D打印机来制作的话，可以节省很多费用，降低零部件成本，带来成本上的竞争优势。另外，原本很复杂的中空、网状物体，如果用3D打印机来打印的话，就变得很容易了。

3D打印技术的应用将会提高汽车制造、航空制造能力。通过3D打印制作出来的汽车、飞机零部件，不仅提高了强度，还减少了重量，同时还可以减轻汽车重量，降低燃油消耗率（发动机以1千瓦的功率工作1小时的燃油消耗量）。3D打印技术将成为汽车制造业与航空制造业的核心技术与核心竞争力。

往来于地球和宇宙之间的运输费将会大大地降低

预计3D打印机还将应用于宇宙空间站。这样一来，往来于地球和宇宙之间的运输费用将会大大降低。只要国际空间站有一台3D打印机，那么在维修、替换零部件的时候，就可以按需打印出来。到目前为止，在国际空间站没有使用3D打印机的情况下，需要维修、更换的零部件和装备，都必须用航天飞机往返运送，一次的运送费用高达数百万元人民币。

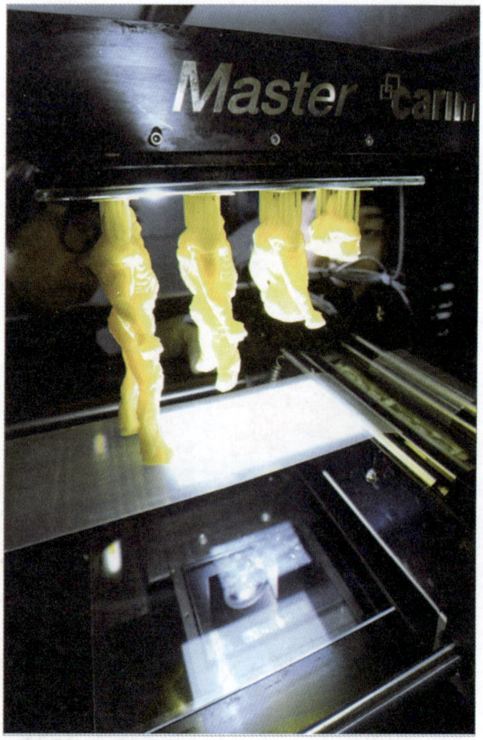

3D打印机正在打印立体模型（东亚日报资料照片）

不过要想在国际空间站使用3D打印机，首先必须制造出零重力3D打印机，也就是在失重状态下工作的3D打印机。

最近美国国家航空航天局准备向国际空间站运送一台3D打印机，目前正在进行无重力空间的实验，也就是与宇宙特殊环境相匹配的实验。

仅用意念就可以将想法传递给对方

事例1：飞机着陆的时候，机尾撞击地面发生事故，机舱内乱成一团。飞机上没有医疗人员，仅仅只能与外界保持通讯联系。这时候，如果空乘人员不知道如何抢救患者，他们只需要将传感器戴在头上，远在千里之外的应急医疗人员，就可以通过意念传感器看到患者的状态，然后通过大脑的意念传递，来指导空乘人员进行急救。

事例2：A先生在遭遇重大交通事故之后，全身不能动弹，连话也不能说。只要将传感器戴在A先生头上，他就可以通过意念的传递，将自己的想法告诉医护人员，这样医护人员就知道A先生是否想喝水，或者是否想看书了。

当意念传感器技术发展到一定程度的时候，人们就可以像科幻电影里面那样，用传感器来进行思维、意识的交流。这在未来是可以实现的。

最近，美国华盛顿大学一个研究团队公布了全球首例人类心灵感应实验成果，该实验是通过网络来传送大脑信息，进而控制另一个地方的人的手部动作。这个实验最终获得了成功。

意念传感器的发展趋势是怎样的呢?在未来，我们又该如何使用它呢?

猴子—机器人，人类—小白鼠……意念传感器的研究进展

为了尝试连接人脑和电脑，科学家们曾经拿灵长类动物做过意念传感器的实验。2000年，美国北卡罗来纳州杜克大学神经生物学家米格尔·尼古拉斯教授带领的研究团队，就做过这样的实验。他们把电极放置到猕猴大脑的皮质区，训练猕猴通过操控大脑发出信号来指挥一个机械手臂，最终成功地使机器人的手臂移动起来。这是全球首例电脑与动物大脑相连接的成功实验。

2013年4月，人类成功实现了对小白鼠的意念控制。美国哈佛大学影像医学专业的柳承世教授和金明敏博士，以及韩国高丽大学机械工学部的朴信锡教授组成的研究团队，将人类的脑电波转换成超声波，将超声波聚焦在小白鼠控制尾部运动的大脑皮层上，最终使小白鼠摆动起了尾巴。

研究团队的成员让志愿者佩戴上电极帽来记录脑电波，当志愿者把注意力转移到正在摆动的老鼠尾巴上时，注意力的变化对脑电波产生干扰，干扰信号经处理后被发送到电脑上。电脑将这个信号分析之后，再转换成超声波信号发送出去，随后小白鼠的尾巴就开始晃动了。和电影“阿凡达”里面的人脑意念控制的场面一样，人类将自己的意念传递给

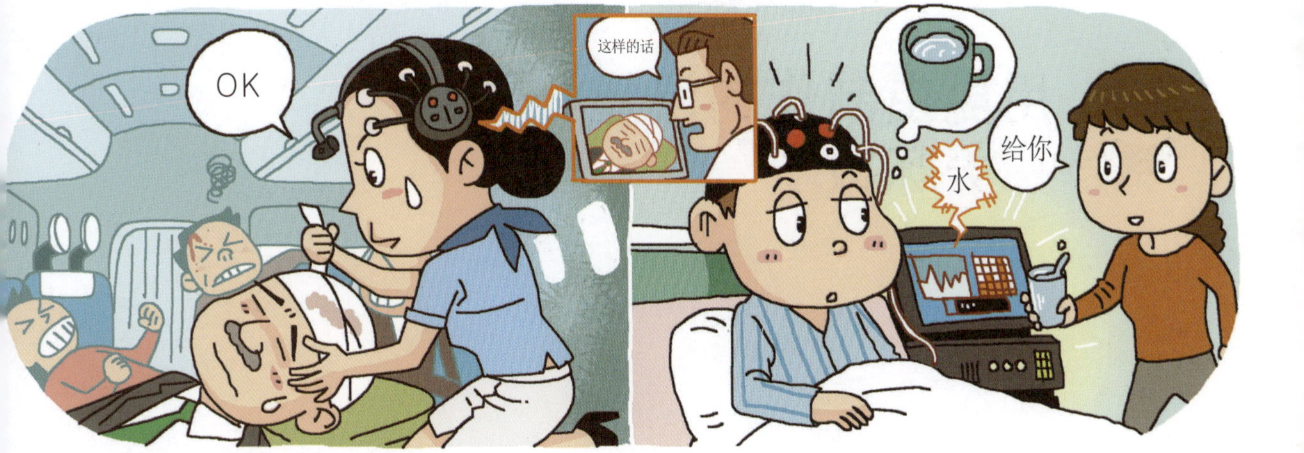

小白鼠的大脑，促使小白鼠做出相应的动作。

但是，这个实验仅仅只是用超声波聚焦小白鼠的大脑皮层，让小白鼠晃动了尾巴，而不是真正意义上的人与小白鼠的意识交流。

意念传感器在教育、娱乐领域也被广泛应用

意念传感器被广泛应用于医疗领域，目的是为了了解患者的状态。对于某些特定的疾病，可以将健康人的脑电波和患者的脑电波进行比对，确定求医者是否患病。

最近，相对廉价的脑电波测量仪一经问世，就在教育、娱乐等领域受到了人们的青睐。脑电波测量仪是一种用脑电波进行触发的装置，它可以接收佩戴者的脑电波信号并将其转为控制命令。脑电波测量仪有助于提高注意力，调节情感，还可以让老年人保持健康的生活。不仅如此，目前一些有关脑电波测量仪的游戏也正在开发中，这些游戏可用于提高知觉能力和学习能力。

用昆虫制作的汉堡和香肠“美味极了”

2013年，韩国土壤动物学会运营委员长郑哲宜（韩国安东大学植物医学专业教授）在韩国环境部国立生物资源馆和韩国土壤动物学会共同举办的专题研讨会上，作了有关“昆虫食品产业化的现状与展望”的报告。在这篇报告当中，郑哲宜教授提出，昆虫的蛋白质含量很高，无论从生态、环境、营养等任何一个方面来看，都很有可能成为未来人类的主要食物之一，是未来食品工业可持续发展不可或缺的环节。

随着世界人口的增长，食物危机给人们带来的紧迫感正在上升，昆虫或将成为新的粮食资源。联合国粮食及农业组织（FAO）于2013年5月在一份200页的报告当中指出，如果昆虫成为人类食物的主要来源之一，不仅可以解决饥饿问题，还有助于保护环境。

出售蟋蟀卷饼的“昆虫饭店”开张了

据了解，全世界大约80%的地区，约20亿人已经开始食用昆虫了。

目前被人类列为食物的昆虫竟有1900余种。其中，人气最高的昆虫是硬壳虫、蝴蝶飞蛾的幼虫以及蜜蜂、蚂蚁、蚂蚱、蟋蟀、蝉、蜻蜓等昆虫。

纽约曼哈顿苏荷大街一家很有名的饭店里面，菜单上提供墨西哥蟋蟀卷饼、油炸玉米虫饼等菜品。这家“昆虫饭店”一开张就成为了人们关注的焦点。昆虫菜品清淡的味道，对美容和减肥很有益处，因此慕名而来的顾客很多。在中国、东南亚、非洲等国家和地区，油炸蝎子、油炸蚂蚱、昆虫寿司等昆虫食品，也都受到人们的欢迎。韩国在过去艰难的岁月里，也曾经把蚂蚱和蚕蛹当作食物。

很多种类的昆虫都可以作为食物

富含蛋白质和纤维的昆虫

将昆虫作为食物有哪些好处呢？首先在经济方面，联合国粮食及农业组织的研究表明，如果给牛吃100千克的草，可以得到大约6.5千克的牛肉。然而同样是100千克的草，如果用来喂养昆虫，却可以得到54千克左右的肉。而且，牛的生产周期是9个月，生长则需要2年，而昆虫只需要喂养1个月就可以食用了。

在营养学方面，昆虫富含蛋白质和纤维，营养丰富。硬壳虫、蚂蚁、蟋蟀、蚂蚱这类昆虫的蛋白质含量并不比一般的肉类逊色。尤其是蟋蟀的蛋白质含量，是一般家畜蛋白质含量的12倍。另外，昆虫还富含铜、铁、镁、锰、磷等微量元素和纤维，并且还可以作为药用。

此外，与喂养牛、猪这些家畜相比，喂养昆虫的用水量较少，而且昆虫的二氧化碳排放量也相当少，所以说将昆虫作为食物有助于保护环境。

人类对于昆虫的厌恶感，是将昆虫作为食物的最大障碍

要想把昆虫作为人类的粮食资源，我们就不得不面对一些问题。首先，昆虫的体积很小，人类如果想要摄取足够营养，一次必须吃很多的量。然而昆虫的大量捕捉并不是一件易事。而且，昆虫的翅膀、腿部这些不适于食用的部分，摘除起来也是一件很麻烦的事情。

不过，食用昆虫最大的障碍，还是人们与生俱来的对昆虫的厌恶感。虽然将昆虫作为粮食资源有很多的优点，但对于从未吃过昆虫的人来说，吃昆虫可是一件很具有挑战性的事情。特别是欧美人对食用昆虫的抗拒心理尤甚。联合国粮食及农业组织指出，昆虫是很重要的蛋白质食物资源，人类应该尽最大努力来克服食用的心理障碍。

为了克服这些问题，海外的一些组织机构正在进行相关的研究和开发。2010年，荷兰政府提供100万欧元用于瓦格宁根大学的昆虫食品化研究。研究项目负责人马塞尔·迪基教授指出，人们不需要直接食用自然状态下的昆虫和昆虫幼虫，而是将昆虫做成汉堡和香肠来食用。如果未来昆虫在一定程度上被人们接受并食用的话，那么或许在2020年，我们逛超市的时候，就可以买到即食的昆虫食品了。

百合，蚂蚁，浣熊……是用我们的名字来命名的呢

2013年亚太地区第24号台风“丹娜丝”经过韩国釜山东海岸，向东部海域移动。紧接着第25号台风“百合”又登陆韩国，还好没有造成重大影响就离开了。中心位于菲律宾马尼拉以东约890千米的台风“百合”，重创了菲律宾北部，威胁到了很多人的生命安全。受到台风“百合”侵袭的菲律宾奥罗拉省至少有13人遇难，台风的登陆还在当地造成了大规模的断电，给人们的生活带来了不便。菲律宾当局报道，台风“百合”的最大风速达到了时速150千米。而且，邻近的5个省也因为台风的缘故，屋顶被掀翻，道路被阻断，接连发生了多起事故。

虽然台风有着巨大的破坏力，但是人们往往会给台风起一个相对温和的名字。台风“丹娜丝”在菲律宾语当中是“经验”的意思，“百合”则是一种多年生草本植物。

从什么时候起，人们开始给台风起名字的呢？为什么要给有着如

此巨大破坏力的台风起这样的名字呢？台风的名字又有着怎样的含义呢？让我们一起来看一看吧！

用政治家的名字和女性的名字来命名台风

海水表面温度超过27℃以上的热带海域发生的台风，持续时间一般在7~10天左右，并且常常伴有强烈的暴风雨。海洋上可能同时出现多个台风，为了不至于混淆，人们就挨个给不同的台风起不同的名字。

据悉，最初是1953年，澳大利亚的一名天气预报员给台风起了名字。这名澳大利亚的天气预报员认为台风给人类带来了很大的危害，就把它当成是自己平日里讨厌的一名政治家，给它起了这个政治家的名字。

就好比说，这个让他讨厌的政治家的名字叫作“安德森”，那么他在天气预报的时候就会这么说，“目前安德森正在太平洋海面上徘徊”，“安德森可能会带来很大的灾难”。

自20世纪40年代中期起，美国的空军和海军开始将给台风命名作为一种惯例延续下来。那个时候，人们主要是用自己的妻子或情人的名字来命名，其目的在于希望台风能够温和地路过，而不造成重大破坏。按照这样的惯例，截止到1978年，人们都是以女性的名字来给台风命名的。但这也导致了性别差异的争论，于是后来就改成了用男性的名字和女性的名字交替着来命名。

每个国家和地区提交10个台风的名字

台风委员会为了加强各国国民对台风的关注，强化警戒，决定从2000年开始使用新的命名方法，在亚太地区包括柬埔寨、中国、日本、老挝、马来西亚、菲律宾、泰国、越南在内的14个国家和地区，使用统一的台风名字。

14个国家和地区，每个国家和地区各提出10个名字，组成一共有140个名字的台风命名表。140个名字全部使用完需要4~5年的时间。全部使用完之后，会再次按顺序重新使用。

当某个台风因造成了特别重大的灾害或人员伤亡而声名狼藉的时

台风伊莎贝尔的卫星照片 ▶

候，这个台风的名称就会从命名表中被删除，台风委员会将根据提议，对台风名称进行增补。2003年9月，入侵朝鲜半岛并带来巨大损失的“鸣蝉”在那之后被除名，由“彩虹”来替代。

更进一步

如果让你给台风起名字的话，你会给它们起什么名字呢？请试着写出5个以上的台风名字吧。

给地球上所有的小朋友包装礼物需要多长时间

由英国科学家、英国经济与商业研究中心的经济学家组成的“Bigbang”研究小组提出了“与圣诞老人相关的科学”，希望借此能够让小朋友们在度过愉快的圣诞节的同时，感受到数学、科学的趣味性和重要性。那么，现在就让我们来看一看他们的研究内容吧。

1年当中，3000个小精灵一直在准备礼物

终于等到了圣诞节。哇！得到礼物的小朋友那开心的笑容，看着真让人欣慰啊。然而，为了准备圣诞礼物，小精灵们为此付出了多少努力，你们知道吗？

按照人口统计，2015年全世界大概有16亿个小朋友在等待着圣诞老人的礼物。如果每一个小朋友可以得到2个礼物，那么小精灵们就一共需要包装32亿个礼物。假设一个小精灵包一个礼物需要10秒钟的时

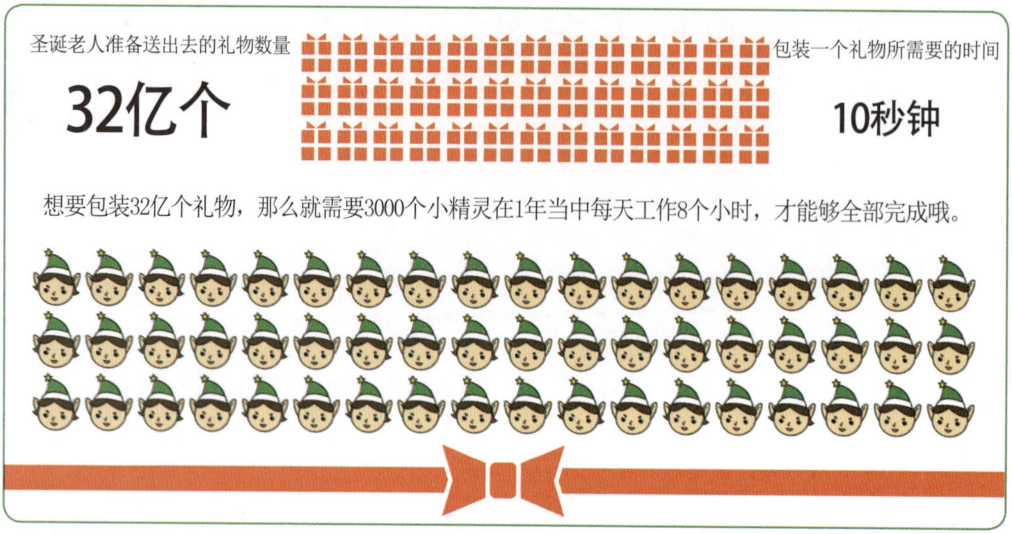

间。包装完所有的礼物所需要的时间，参见下面的算式。

32亿（个）×10（秒）=320亿（秒）

因为“1分钟=60秒”，“1小时=60分”，所以320亿秒约为8888889个小时。这样折算过来，需要3000个小精灵在1年当中每天工作8个多小时才能够完成。圣诞节只有1天，为了这1天，3000个小精灵们需要准备整整1年的时间，真的很伟大啊，是吧？

不只是这样。包装礼物所需的花费也是一笔很大的开销。假设平均一个礼物需要80厘米长的包装纸来包装的话，那么总共需要多长的包装纸呢？

80（厘米）×16亿（人）×2（每人2个）= 2560亿（厘米）
= 25.6亿（米）= 256万（千米）

因为“1米=100厘米”，“1千米=1000米”，合算起来足有256万千米。这个长度可是地球与月亮之间距离（平均距离38万千米）的6倍之多。

圣诞老人从平安夜开始，1秒钟访问5556个家庭才能把礼物送完

大家好我是圣诞老人，等小精灵们把礼物包装完成之后，就该由我来发放这些礼物了。

我给小朋友们发放礼物的时间，是从平安夜12月24日0时开始，一直到圣诞节早上小朋友们起床之前，也就是12月25日上午8时截止，一共是32个小时。

假设平均一个家庭有2.5个小朋友的话，那么我就要拜访6.4亿个家庭。也就是说，我要在32个小时当中，拜访完6.4亿个家庭。这么算的话，那么每1秒钟我需要拜访多少个家庭呢？

6.4亿（个家庭）÷115200秒（32小时）≈ 5556（个家庭）

正确答案是约为5556个家庭。要给所有的小朋友送上礼物的话，我需要在1秒钟之内拜访大约5556个家庭啊！

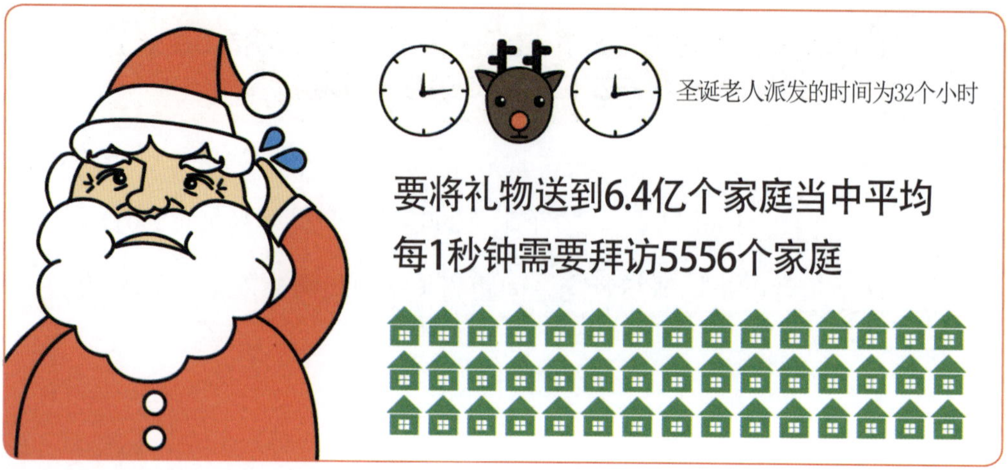

平均每180微秒（1微秒=1×10^{-6}秒，180微秒=180×10^{-6}秒）就要拜访1个家庭。小朋友们，你们能够想象得出来吗，胖乎乎的我，是多么快又多么敏捷地进出你们家的呀！

有的时候，小朋友们会发现我，于是给我准备好牛奶和美式馅饼。虽然很感谢你们的好意，然而，如果我把派送礼物的所有家庭准备的牛奶和美式馅饼都吃掉的话，那么我在一天之内大约会摄取6278.78千焦的热量。为了消耗这些热量，我得绕地球跑54000圈，也就是21亿千米啊。

候鸟们排成V字形飞行的原因是什么

当季节变换的时候，我们可以看到鸟儿有秩序地排成V字形，在天空中列队飞行的样子。这些随着季节变迁，飞行千里去寻找温暖的栖息地的鸟儿，被称为“候鸟”。与之相反，像喜鹊、乌鸦、雉鸡、角鸮这些终年生活在一个地区，不随季节迁徙的鸟，称为留鸟。看到这些排成V字形在天空中飞翔的候鸟，语童小朋友开始向万事通罗博士请教。

排成V字形飞行可以节约体能

语童小朋友：博士先生，那些候鸟为什么要排成V字形飞行呢？队形一点儿也不散乱，真的是太神奇了！

万事通罗博士：它们这是为了节约体能啊。2014年，英国的研究团队在候鸟身上安放了特殊定制的GPS和速度记录器等设备，对它们的翅膀扇动次数和飞行位置等数据进行了跟踪记录。研究结果表明，最前面

冬候鸟黑鹤在空中排成V字形飞行（东亚日报资料照片）

带队的鸟儿，通过扇动翅膀让周围的空气流动形成漩涡，鸟儿身后产生下降的气流（从上向下的风），而两只翅膀末端则产生上升的气流（从下向上的风）。跟在后面的候鸟并不是飞在领头候鸟身体后方的下降气流处，而是在领头候鸟翅膀末端的上升气流处飞翔的。

这样一来，后面的鸟儿跟在前面鸟儿翅膀的两端，处在上升气流当中，飞起来是不是就更轻松了？从这一点看来，候鸟们像这样排成V字形飞行，可以使得鸟儿的心脏跳动次数和翅膀扇动次数减少11%~14%。

语童小朋友：原来如此。那么，候鸟们需要飞多远呢？

候鸟鸳鸯飞到韩国，浸泡在冷水里。鸳鸯分为候鸟与留鸟两种。（东亚日报资料照片）

万事通罗博士：候鸟在1年之内，最多可以迁徙25000千米。相当于地球周长的60%之多，真的是很远很远的距离啊！

语童小朋友：真的是很了不起啊！那么，候鸟为何要如此辛苦地进行长距离的旅行呢？

万事通罗博士：当然是为了觅食。像飞到韩国的冬候鸟，就是因为西伯利亚的冬季实在是太冷了，在那儿根本找不到任何吃的。等到春季来临的时候，大概在3月左右吧，这些候鸟就会再次回到西伯利亚。

通过星座、太阳、磁场来辨认方向

语童小朋友：西伯利亚以南还有很多比韩国更温暖的国家和地区，何必非要到韩国去呢？

万事通罗博士：候鸟的体温比人要高3~4℃，所以对于冬候鸟来说，韩国冬天的温度是最适合它们的啦。

语童小朋友：啊。原来如此！那么，候鸟们是如何准确地辨别方向，抵达目的地的呢？

万事通罗博士：虽然迄今为止还没有确切的答案，但根据以往的研究，科学家们做了几个推测：

第一是观察星座。候鸟通过观察位置一直固定不变的北极星或其他星座来辨别方向。第二是参照太阳。候鸟们参照太阳升起和落下的位置，作为方向的指示。第三是观察地形。候鸟们通过观察山川河流、海岸线、高层建筑和道路等，来寻找路线。第四是感知磁场。候鸟可以感知磁场，根据地磁南极和地磁北极，来辨别方向。

鸟儿为什么要用嘴喙去啄自己的身体？

语童小朋友：我还发现候鸟经常把身体浸泡在冷水里。一整天都待在冷水里面，难道不冷吗？

万事通罗博士：如果仔细观察候鸟的话，会发现它们总是用嘴喙去啄羽毛。鸟儿用嘴喙去啄鸟屁股末端的皮脂腺，就可以将皮脂腺分泌出来的油脂涂抹在羽毛上。多亏了这些油脂，羽毛才不会被水打湿。而且羽毛的里面还有柔软的绒毛，绒毛之间形成的空气层也会起到保温的效果，可以抵御严寒。

语童小朋友：候鸟真是一种很擅长利用科学的动物啊！

湿度高的环境有利于本垒打

如今，和爸爸妈妈一起来到棒球场观看比赛的小朋友渐渐多了起来。棒球真是一门有趣的运动啊！如果我们能够了解棒球里面蕴含的科学道理，是不是更有趣呢？那么，棒球里面蕴含了怎样的科学道理呢？

速度和质量，应该选择哪一个呢？

哪一种球棒会更有利于打出本垒打呢？是重一点的球棒还是轻一点的球棒呢？在运动状态下的一个物体，它的质量越大、速度越快，那么动能就越大。从这一点来看，当我们用同样的速度挥动球棒时，较重的那一根球棒会更有利于打出本垒打。

但事实上，球棒越重，挥棒的速度越慢；而球棒越轻，挥棒的速度则越快。

是选择轻一点的球棒，增加速度；还是选择重一点的球棒，增加质量呢？通过科学公式计算，我们发现：选择轻一点的球棒会更加有利。

动能是物体质量与速度平方乘积的二分之一（$E_k=\frac{1}{2}mv^2$）。按照这个公式我们来想一下。相对于增加物体的质量，不如加快物体的速度，这样可以产生更多的动能。

美国职业棒球大联盟比赛现场，运动员秋信守打出本垒打之后（东亚日报资料照片）

有助于本垒打的天气状况

棒球在飞行的时候，需要克服空气的阻力。空气阻力就是物体在空气中运动的时候，空气对运动物体的阻碍力。空气阻力越小，球飞得越远。

空气阻力与空气密度不同。空气密度是指单位体积内空气的质量。单位体积的空气质量越低，密度越小；反之，密度越大。

按照科学原理，根据空气的密度、湿度、温度、压力的不同，空气阻力也随之发生变化。温度升高，空气会膨胀，空气密度会减小。因此，在高温天气下，空气密度很小，空气阻力随之降低，球就可以飞得更远。

那么，干燥的气候与湿润的气候相比，哪一个更有利于棒球的飞行呢？正确答案是湿润的气候。湿度越大，空气密度就越小，空气阻力也随之变小，球就能飞得更远。

力量始终都施加给了球

我们可以看到，棒球运动员在用球棒击打球之后，动作并没有停止，而是顺着惯性继续挥动。这个动作也是蕴含着科学原理的。

按照科学公式计算，物体所受合外力的冲量等于力乘以力作用的时间。根据这个公式，球棒击中棒球的时候，冲量等于球棒的力乘以球棒与球接触的时间。因此，棒球运动员用球棒击打到球之后，还一直顺着惯性挥动，从而增加了球棒与球接触的时间。很多棒球解说员都会这么说，运动员应该让球棒一直对球施力直到结束，让球棒和球接触的时间尽量长一些。

抓住球的瞬间，手向后松开

让我们仔细观察一下，在棒球竞技当中，运动员接住快速飞过来的球的瞬间吧。

面对投手投过来的球，接球手的手掌迅速向前伸出，一下子抓住球，然后就在这一瞬间，可以看到接球手会将手向后松开。这是为什么呢？这样做是为了延长拿球的时间，从而减缓高速运动的球对手掌造成的冲击。

正在接球的棒球捕手

根据上文介绍的冲量的计算公式，在冲量固定的情况下，捕手接触棒球时间越长，受到的冲击力就越小，这样就能减缓球对手掌造成的冲击了。

行星的光环是怎样被发现的呢

2014年，巴西国立天文台与欧洲南方天文台在巴西里约热内卢通过网络直播的方式，共同召开了记者见面会，宣布已经观测到女凯龙星的两条光环。这次的发现打破了“太阳系天体当中，只有木星、土星、天王星、海王星这些由气体组成、质量很大的大行星才存在光环”的天文学常识。

女凯龙星是一颗距离太阳28亿千米的由岩石和冰组成的小行星，它介于土星和海王星轨道之间，围绕着太阳，沿椭圆形轨道运动。它是科学家们发现的太阳系当中第五个存在光环的天体，也是目前太阳系当中存在光环的最小天体（半径不超过124千米的女凯龙星，大小仅仅是月球的1/300，地球的1/15000）。

观测数据显示，女凯龙星的两条光环的宽度分别为7千米和3千米，光环间有9千米的间隔。两条光环的轨道半径分别为396千米和405千米。两个光环以秒速（1秒内移动的距离）10厘米的速度缓慢地旋

土星

转。光环是以巴西南北两端两条河流的名字命名的，分别是“欧亚波奎（Oiapoque）”和“丘伊（Chuí）”。

那么在此之前，科学家们是如何发现木星、土星、天王星、海王星的光环的呢？另外，科学家们对于女凯龙星之所以能够产生光环的原因，又是如何解释的呢？

旅行者2号探测器的惊人发现

最初发现土星光环的人是意大利科学家伽利略·伽利雷（1564~1642年）。伽利略在1610年发现了土星的光环。但是由于当时望远镜的性能不是很好，他并不知道自己发现的是光环，而是把光环误认为土星的两颗卫星。

在此之后，荷兰天文学家克里斯蒂安·惠更斯（1629~1695年）于1655年确认了那个就是光环。直到1857年英国物理学家詹姆斯·麦克斯韦（1831~1879年）才用力学理论证明，土星的光环不是由固体组成的，而是由无数围绕着土星旋转的固定颗粒构成。1980年11月12日，旅行者1号探测器经过土星前方的时候发回的照片也证明了麦克斯韦的推断，照片显示土星的光环是由很多的灰尘、石头和冰构成的。

1977年，科学家们就天王星的星光被遮挡现象进行了分析。分析结果表明，天王星有7条光环。在此之后，1986年旅行者2号探测器的勘察结果和2005年哈勃空间望远镜的观测结果表明，天王星不止有7条光环，而是13条光环。

1979年旅行者2号探测器飞临木星的时候观测到了木星的光环。因为木星的光环很薄，密度很低，所以在此之前，人们在地球上没有观测到。

常识UP

旅行者1号、2号探测器：这两个探测器是美国国家航空航天局以探索木星、土星、天王星、海王星为主要目标而发射的无人空间探测器。旅行者1号、2号探测器在宇宙空间旅行，将那些地球上观测不到的宇宙信息发回地球。

哈勃空间望远镜：美国国家航空航天局在1990年4月利用航天飞机在地球大气层外的轨道上放置了一个观测天体用的天文望远镜——哈勃空间望远镜。比起设置在地球上的天文望远镜，哈勃空间望远镜的清晰度是前者的10倍以上。

用于观测天体的哈勃空间望远镜

1989年，旅行者2号探测器发现了位于太阳系最外面的行星海王星的5条光环。海王星的光环和木星的光环一样，都是很稀薄的物质光环。

光环是怎么产生的呢?

女凯龙星的光环是怎样形成的，迄今为止仍是一个谜。科学家们对此有两个猜测。猜测一：某个天体与女凯龙星撞击后，形成的碎片分布在了女凯龙星的表面，从而构成了光环；猜测二：小行星周边的卫星与宇宙中飘浮的某些小天体发生碰撞后，形成的碎片在女凯龙星周围构成了光环。

1秒内翅膀振动200次的最强飞行员

小朋友们，你们相信吗？看起来微不足道的苍蝇却是制造飞行器的科学家们重要的研究对象哦。天气渐渐变热时，苍蝇就出现了。人们试图用苍蝇拍打苍蝇，可是苍蝇总是左闪右避，一下子就飞出老远。为什么苍蝇总是能够迅速及时地避开苍蝇拍呢？难道苍蝇的飞行中隐藏着什么秘密吗？

藏在翅膀后面的平衡棒

为了探究苍蝇到底是用什么器官来判断障碍物的，美国康奈尔大学做了一项实验。研究组将翅膀上粘有磁粉的苍蝇放进了一个带有磁场（磁力非常强大的空间）的特殊空间里，随后利用一种特殊相机将苍蝇的飞行过程拍了下来。苍蝇受到磁场的影响，不断地调整自己的飞行方向，研究人员拍下了它的飞行细节和飞行角度。

在分析了苍蝇的飞行细节后，研究人员发现，原来苍蝇判断障碍物的器官并不是大脑，而是藏在前翅后面的平衡棒。平衡棒是苍蝇的后翅退化（生物体的某一部分器官变小、构造简化、机能减退）而成的细小的棒状物，有着十分发达的神经细胞。它可以帮助苍蝇在飞行的时候保持平衡，而不会偏斜向某一边。而且在遇到阻碍平衡的障碍物的时候，平衡棒就会条件反射式地将飞行方向调整到另一边。而平衡棒是如何不经过苍蝇大脑，就直接调整翅膀的飞行方向的呢？关于这一点，目前研究人员仍在持续研究当中。

比眨眼的速度还要快

苍蝇要花多长时间去调整飞行方向呢？为了探究这个问题，最近，美国华盛顿大学的研究人员以苍蝇为对象做了一项实验。他们在放有苍蝇的箱子里面，播放苍蝇的天敌——蜜蜂的影像，然后利用三台超高速摄像机将苍蝇看到影像后快速移动翅膀和身体转向偏移的过程拍了下来。

苍蝇们为了避开影像中出现的蜜蜂，迅速地改变自己的飞行方向。而它们转换方向的用时还不到0.01秒，也就是说这个时间比人类眨眼的速度还要快上大约50倍呢。

家里常见的苍蝇

众所周知，苍蝇这种敏捷的昆虫平均每秒钟振翅可以达到200次。为了搞清楚苍蝇翅膀上的肌肉是如何完成这种高速运动的，人们仍在持续不断地进行研究。

模仿苍蝇飞行的飞行机器人

人们一直在利用苍蝇的飞行原理来制造飞行机器人。

2004年，日本电子公司精工爱普生公司制造出了一个重量只有12.3克的飞行机器人——微型飞行机器人。

2008年，荷兰代尔夫特理工大学研究小组发明了一个翅膀长10厘米的飞行昆虫机器人。可以预见，在重大事故发生现场，这个飞行机器人将能够快速地寻找到伤亡人员，在救护工作当中起到重要作用。

2013年，美国哈佛大学的研究人员发明了一个叫作“Robo Bee（蜜蜂机器人）”的飞行机器人。这个飞行机器人只有一枚硬币大小，靠连接在躯干上的一根电线获得动力进行振翅。它的翅膀使用超轻碳纤维制造，1秒内可振翅120次。

电力一发动，地铁的尾巴就动起来啦

中国最早的地铁线路是1971年1月15日开通的从北京站到立新站（现公主坟站）的地铁1号线。此后，中国的地铁快速发展，截止到2015年12月26日，中国已有26个城市开通地铁。

那么地铁是谁发明的呢？长长的地铁列车又是怎样发动起来的呢？让我们一起来寻找一下答案吧！

地铁的原型其实是鼹鼠

世界上最早的地铁线路是1863年1月10日英国开通的“伦敦地铁大都会线”。这趟地铁在伦敦帕丁顿站和法灵顿站之间运行，路线全长约有6千米。这是英国人查尔斯•皮尔逊花了10年的时间终于说服了议员们后得来的成果。因为在当时，想要在地下修出一条路来，是一件连想都不敢想的事情。

可是皮尔逊到底是怎么想到要在地下修建地铁的呢？皮尔逊回答

进站的地铁（东亚日报资料照片）

说，他是看到鼹鼠打洞之后才获得了这一灵感。当他看到鼹鼠打洞的时候，就在想：为什么大部分的动物都在地面上活动，而鼹鼠偏偏要那么辛苦地去打洞，然后在地下活动呢？原来，鼹鼠之所以会在地下活动，是因为地上有它的天敌，另外地上还有河流、高山等不利于鼹鼠活动的地形。

因此，皮尔逊就开始联想，如果人类也转移到地下活动会怎么样呢？他坚信，只要这么做，就可以解决当时伦敦十分严重的交通堵塞问题。于是皮尔逊就拿着一张事先准备好的地铁设计图，去了伦敦市议会。

然而没想到的是，市议员们对此反应十分冷淡。他们说："为什么要冒着危险跑到地下去活动呢？"不过皮尔逊并没有因此而气馁，在接下来的十多年里，他不断地改进和完善着自己设计的地铁系统，并且告诉人们，地铁的运行可以降低交通成本、解决交通堵塞等问题。最终，英国伦敦造出了世界上最早的地铁。

利用空气的力量来开门

一般来说，地铁有4~10节车厢，看起来就像是长长的蛇尾巴一样。那么地铁到底是怎样运行的呢？

实际上，地铁是靠电力来运行的。地铁进站的时候，如果你仔细观察车顶就会发现隧道顶部的一些电线和地铁列车车顶的装置是连接在一起的。地铁列车车顶的那个装置叫作受电弓。地铁站配电室将电力通过隧道顶部的电线传递给车顶的受电弓，受电弓再将电力牵引到地铁内部，然后电力就会驱动发动机，最后地铁列车的车轮就会滚动起来了。

地铁列车车顶的受电弓（东亚日报资料照片）

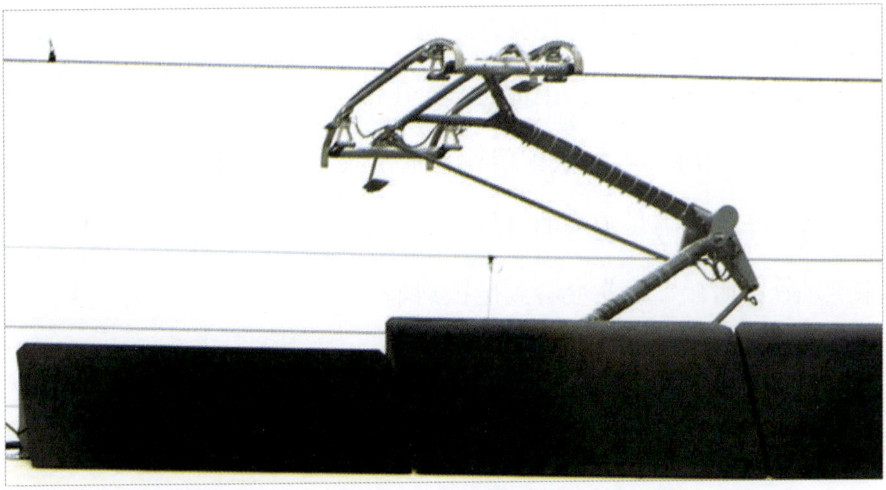

轨道拼接处的钢轨连接线（东亚日报资料照片）

仔细观察地铁轨道的话，会发现轨道并不是一整根钢轨，而是由一段一段的钢轨拼接起来的，这样做是为了避免整条金属轨道温度过高。通过拼接的方式可以有效地控制列车行驶时钢轨的温度。这一段一段的钢轨之间是用电线连接起来的，电力可以让地铁列车稳稳当当地经过轨道拼接处，而这些电线则被称为“钢轨连接线”。

那么地铁车门又是怎样打开，怎样关上的呢？原来是利用了空气压力的原理。地铁车门的上面有一个压缩空气的气筒。气筒里面的空气朝外排放的时候，地铁车门就会被空气推开；当气筒不再排放空气，推动车门的力量消失的时候，地铁车门就会重新关上了。大家在乘坐地铁的时候，经常会听到地铁列车车底下发出“嗡”的一声，这其实就是气筒重新装满空气时发出的声音。

头皮上的角质堵住了毛囊

每到夏秋两季交替的时节，我们就会发现自己的头发掉得格外多，比平时可能要多出3~5倍，为什么会这样呢？还有，我们平时又为什么会掉头发呢？

头发是由细胞聚集而成的吗?

夏秋两季交替的时节，我们之所以会掉很多的头发，是因为天气变凉之后头皮变得干燥了，而头皮变得干燥后，便很容易生出角质，进而堵住毛囊。头皮上的毛囊不仅仅只是长出头发的小孔，它还会给发根补充蛋白质等营养，使发根变得结实。然而毛囊一旦被角质堵住，就不能给发根补充营养，因此头发就会变得脆弱，然后从毛囊中脱落下来。

那么毛囊里是怎么长出头发的呢？原来毛囊里的细胞移动到头皮表面之后，聚集在一起就变成了头发。而之后由毛囊里移动出来的细

胞，会不断地将之前的细胞往上推，这也就是为什么我们的头发会不断变长的原因。因此，头发可以说是由细胞聚集而成的一条线。

每根头发的生长速度是不同的

一般来说，一根头发一天会增长0.2~0.4毫米，一个月便会增长1厘米左右。每一根头发的寿命都不一样。总体来说，头发的平均寿命是2~6年，分为生长期、恢复期和休止期三个阶段。

在生长期的时候，头发会不断地生长，随后便会进入持续约3个星期左右的恢复期，这个时候头发就不会再生长了，反而会变得又细又脆弱。最后进入到休止期的头发，便会从毛囊中脱落，随后毛囊里便会长出新的头发。

生长在头皮不同部位的头发，其生长速度是不一样的哦。额头和头顶的头皮，由于经常受到紫外线的照射，因而比较干燥，所以这些部位的头发，其生长速度会比后脑勺上的头发的生长速度慢10%~20%。这也就是为什么额头前面的刘海长得很慢的原因。

那么怎样才能让头发长得更快一些呢？多吃一些豆类以及鸡蛋等富含蛋白质的食物就可以了。

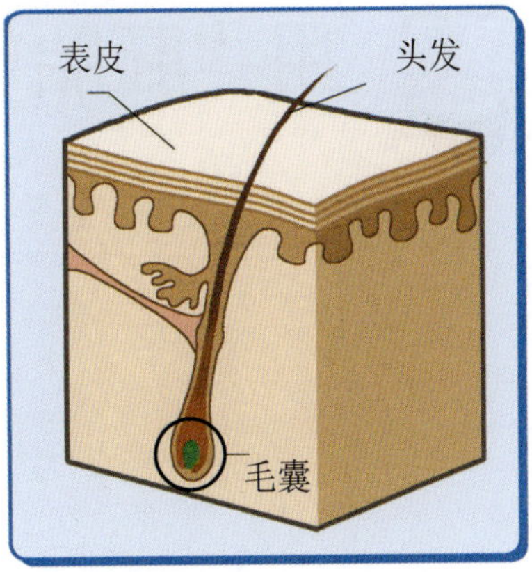

头发解剖图

扁形毛囊会长出卷发

为什么有的人头发卷卷的，而有的人头发却是直直的呢？毛囊的形状越是接近圆形，长出来的头发就越直；而毛囊的形状越扁，长出来的头发就越卷。这是受到遗传因素影响的。

用“胚胎干细胞治疗剂”找回视力

韩国一家企业和美国一家干细胞公司共同研发出了一种胚胎干细胞治疗剂，针对视力丧失的患者进行了临床试验（医疗领域当中，为了确定药物的疗效与安全性，在人体进行的药物的系统性研究），并取得了成功，有效地恢复了患者们的视力。

国际性医学刊物《柳叶刀》杂志网络版发布了有关试验成功的消息。研究人员对18名视力丧失和视力低下的患者进行了治疗，结果有13名患者恢复或改善了视力。

其中有一名患者的视力恢复速度尤其快。这名患者在接受治疗之前，几乎看不见视力表上面的字，然而在进行了胚胎干细胞治疗之后，便恢复了一定的视力，可以看清视力表上的字了。

这种胚胎干细胞治疗剂作为全世界率先研制出来的胚胎干细胞产品，受到了广泛的关注。那么，胚胎干细胞到底是什么呢？胚胎干细胞里面有着怎样的秘密呢？它为什么能够让视力丧失的患者恢复视力呢？

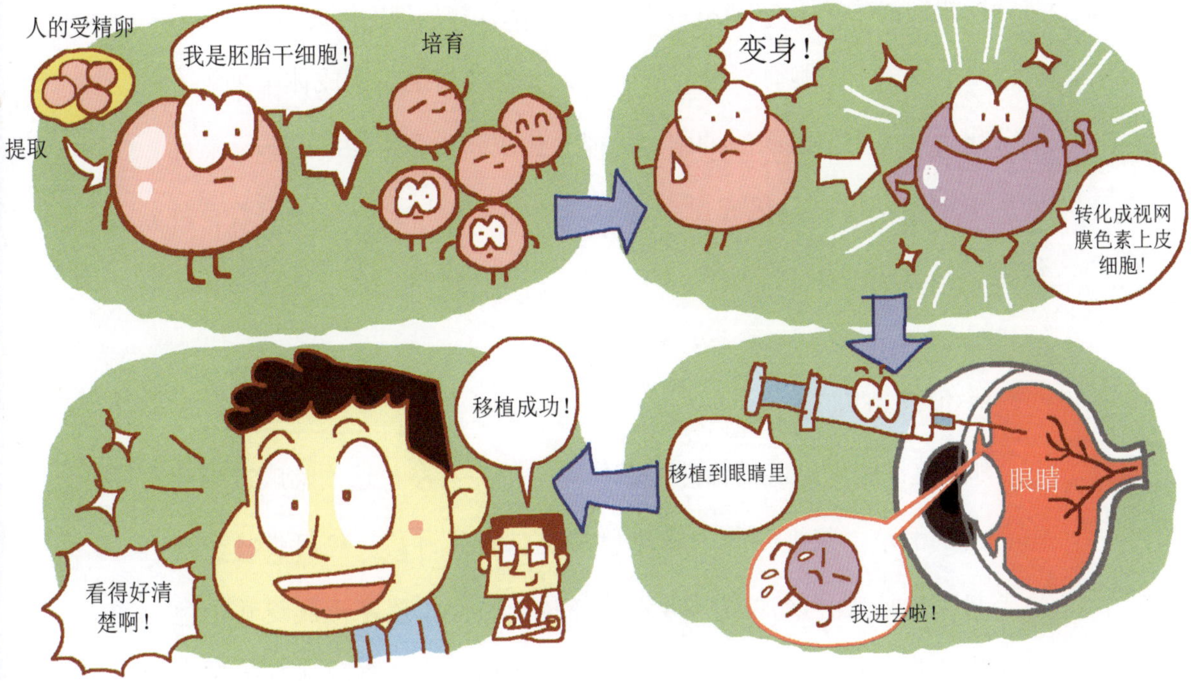

胚胎干细胞治疗步骤模拟图

数百种变身

首先我们来了解一下什么是干细胞吧！

干细胞是一类具有多向分化潜能和自我更新能力的原始的未分化细胞，是形成哺乳动物各组织器官的原始细胞。通常，哺乳动物的干细胞包括从胚胎分离出来的胚胎干细胞，和机体组织受伤、老死的情况下再生和更新的成体干细胞。

人体有数百种不同的细胞。我们受伤或生病的时候，体内的细胞也会生病或者死掉。这个时候，成体干细胞便会生出各种各样的细胞来帮助我们治愈受伤的组织，用新的细胞来代替死掉的细胞。

但是成体干细胞有着发育限制性，一种类型组织的成体干细胞不能分化为其他类型组织的细胞，只能分化成同类型组织的细胞。然而胚胎干细胞却可以分化成血细胞、骨细胞等参与人体构成的数百种细胞。

成功移植的细胞

那么这次临床试验的治疗是怎样完成的呢？参与这次临床试验的患者，全都是一些视网膜（眼球壁三层膜的最内层。视网膜将受到的光刺激转换成神经冲动，沿视神经传至脑部，最终形成视觉）色素上皮细胞受到损害的患者。患者的这些细胞已经老化或是先天性衰弱，无法发挥作用，因此造成视网膜无法成像，患者的眼睛就看不清楚，甚至看不见了。

研究人员从冷冻的受精卵中提取出胚胎干细胞，然后将胚胎干细胞分化成了视网膜色素上皮细胞。最后，医生将视网膜色素上皮细胞成功移植到患者的视网膜下面。就这样，大部分患者的视力都得到了改善。

副作用和道德问题

胚胎干细胞治疗剂最大的副作用就是，如果将胚胎干细胞在还没有分化的状态下，移植到人体眼睛里面的话，很可能会演变成导致癌症的肿瘤细胞（非正常性的持续分裂与增殖的细胞）。幸运的是，在这次的临床试验当中，并没有发现此类演变成癌症的情况。

胚胎干细胞治疗在伦理道德方面还存在很多争议。反对此项研究的人士提出，胚胎干细胞研究过程中需要摧毁胚胎来提取干细胞，这种做法无疑就是扼杀生命。支持此项研究的人却认为，胚胎是人类生长的初期阶段，还没有长成生命，因此不能称为“人”。目前，科学家们正在尝试用其他途经代替胚胎干细胞。

为什么天气越冷，太阳就越早下山

大家有没有发现，天气越冷，天黑得就越快呢。为什么冬天天黑得早，而夏天天黑得晚一些呢？为什么不同的季节，白天的时长不一样呢？让我们通过下面语童小朋友和妈妈的对话来了解一下吧！

日出的位置变了吗？

语童小朋友：我和小朋友们玩着玩着，不知不觉天就黑了。现在还不到晚上8点呢！

妈妈：越是接近冬天，太阳出来的时间就越短。

语童小朋友：太阳出来的时间越短？

妈妈：嗯，就是太阳会提前落山的意思。

语童小朋友：为什么在不同的季节里，白天的时长不一样呢？

妈妈：大家都知道太阳是从东边升起、西边落下的。然而准确地说，根据季节的不同，太阳升起的位置也会稍微有一些不同的。

冬季的日落（东亚日报资料照片）

春分和秋分的时候，太阳是从正东方升起的。然而在夏天的时候，太阳升起的位置就要稍稍靠北一点，所以白天的时间就会长一些。与此相反，冬天的时候，太阳升起的位置稍稍靠南一些，因此白天的时间就会比较短。

语童小朋友：哦，原来是这样啊！

倾斜的地球绕着太阳转圈

语童小朋友：可是妈妈，为什么在不同的季节里，太阳升起的位置也会不一样呢？

妈妈：因为地球的自转轴（地球以南极和北极之间的连线为轴心进行自西向东的转动称为自转）是倾斜的，地球以倾斜的姿势围绕着太阳旋转。

语童小朋友：好难理解啊！

妈妈：你知道地球是围绕着太阳转的吧？这个称为公转。假如地球不是以倾斜的姿势围绕着太阳转的话，那么位于北半球的一些国家就会一直受到太阳光的斜射。这样一来，这些国家在一年之内的温差就不会有太大的变化，会一直保持秋天一样的季节。

语童小朋友：可是您不是说地球是倾斜的吗？

妈妈：实际上，地球自转轴倾斜23.5°，地球以自转轴为轴心进行自转，同时地球又围绕着太阳公转，所以不同的季节，日照强度也随之变化。太阳光有时会直射，有时会斜射，这就是季节变化的原因。

季节和太阳的高度

妈妈：语童，你在学校里学习过“太阳高度角”吗？

语童小朋友：我记得好像上科学课的时候，老师讲过。太阳高度角不就是太阳光线与地面之间的夹角吗？

妈妈：没错。越接近正午12点的时候，太阳高度角越大，过了正午12点之后，太阳高度角开始变小。随着太阳高度角的变化，影子的长度和气温都会有所变化。在一天当中，太阳高度角越大的时候，日照强度就越大，气温也就越高，影子也就越短。

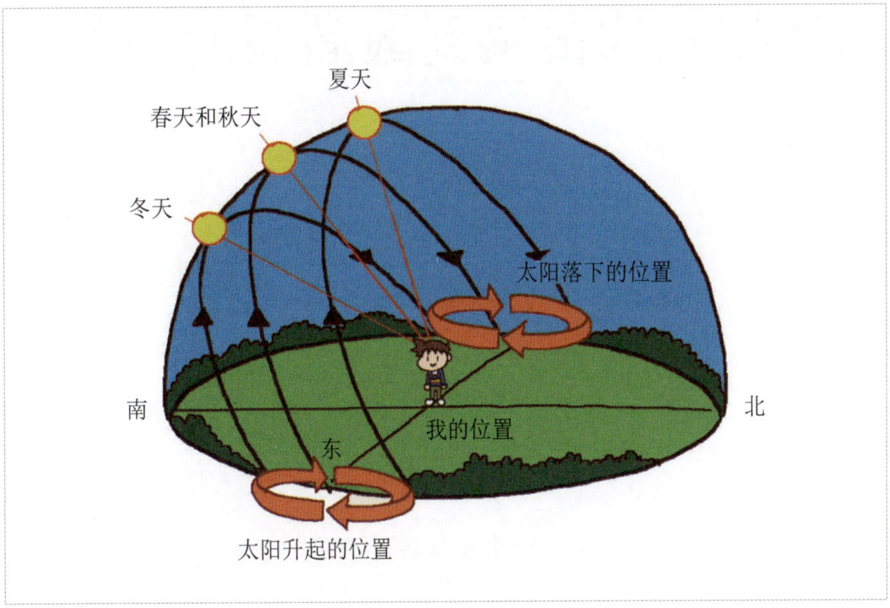

每个季节太阳升起的位置

语童小朋友：照这么说的话，冬季太阳高度角最小，所以日照的时间最短。

妈妈：没错，我们家语童真聪明，一学就会。

从嘎嘣脆的白菜到酸溜溜的泡菜

天气开始变冷的时候，很多朝鲜族家庭便开始忙碌起来，因为他们要开始腌制越冬泡菜了。

用盐将白菜腌过之后，再往白菜上面抹一些微辣的酱料，等酱料的味道完全渗进白菜里面之后，美味的泡菜就做好了。那么，这些贮存得越久，就越好吃的泡菜里面，到底隐藏着怎样的科学道理呢？通过语童小朋友和妈妈的对话，让我们一起来寻找答案吧！

白菜叶碰到盐之后就会变得蔫蔫儿的

语童小朋友：哇！白菜看起来好新鲜哦！硬硬的白菜经过妈妈的处理之后，就会变成又软又好吃的泡菜了，真的好神奇啊！

妈妈：嘿嘿，其实白菜在盐水里泡过一段时间之后，就会变成蔫蔫的样子。这是因为白菜吸收了适当的盐分。要尝一尝用盐腌过的白菜吗？

语童小朋友：嗯……啊！好咸啊！可是白菜在盐水里泡久了之后，不就只剩下咸味了吗？但我之前吃的妈妈牌泡菜是又酸又辣的。

妈妈：不用担心，盐的咸味并不会渗透到整棵白菜里面，这里面可是隐藏着非常有趣的科学道理的哦！所有的生命体都是由肉眼看不到的细胞组成的。细胞内的水分子会从低浓度向高浓度移动。至于构成白菜的细胞也是一样的。将白菜泡在盐水里面之后，白菜的细胞所含的水分就会跑到浓度更高的盐水里面，这样一来，盐水的浓度就会变得越来越低，而白菜的盐分就会变得越来越高。最后，盐水和白菜里的盐分的浓度就变得差不多了。

白菜泡菜
（东亚日报资料照片）

语童小朋友：我知道了！所以白菜就吸收了适当的盐分。

泡菜放久之后，不但没有腐烂反而变得更入味，这当中的秘诀是什么呢?

语童小朋友：妈妈，泡菜放进泡菜冰箱或者泡菜缸里以后，为什么会渐渐地变得好吃了呢？我刚刚看到，放了几天的水果已经变坏了，可是为什么泡菜放了那么久，不但没有变坏，反而变得更好吃了呢？

妈妈：嗯，那是因为泡菜并没有腐烂，而是发酵了。

语童小朋友：腐烂就是馊了的意思吗？

妈妈：是的。将食品放置一段时间之后，微生物就会通过蛋白酶，把食物里面的成分给分解掉，特别是食物里面的蛋白质被分解掉之后，会生成一种对人体有害的腐败菌，因此食物就会变得又酸又

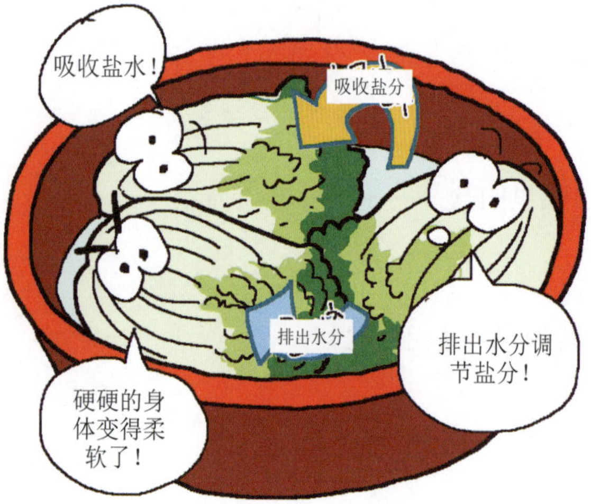

臭，这就叫作“腐烂”。

语童小朋友：那么像泡菜这样的食物，是怎样发酵的呢？

妈妈：泡菜需要在特定的条件和环境下，在发酵菌活跃的情况下才能够发酵。白菜如果就这样放着的话，肯定会腐烂的。然而将白菜用盐腌过之后，放到泡菜缸或者泡菜冰箱里面，在适当的温度下，它就会变成对我们人体有益的发酵食品。

乳酸菌生成的乳酸

妈妈：在泡菜腌制的过程当中，最活跃的发酵菌就是乳酸菌了。乳酸菌吸收了泡菜里面的养分之后，便会生成一种叫乳酸的物质。

语童小朋友：乳酸菌？我经常在酸奶广告里面听到这个东西，听说对肠胃很好的。

妈妈：没错，乳酸菌能帮助人们消化和排便，对肠胃非常好。而且，就是乳酸菌生成的乳酸，让泡菜变酸的。

语童小朋友：哦，为了长久地保存泡菜，乳酸菌就生成了很多乳酸，所以泡菜才会变得越来越酸。妈妈，这次泡菜腌好之后你一定要煮泡菜汤给我喝，我真的好想喝啊！

妈妈：你这个小馋猫！那么接下来腌泡菜的时候，你会在旁边帮妈妈的忙吗？

语童小朋友：当然啦！

为什么滑雪场里面到处都是雪呢

冬天会下很多雪。可是无论雪下得再大，只要天气变得暖和起来，地上的积雪就会慢慢地融化掉了。然而，即使没有下雪，我们仍然能看到滑雪场里面到处都是雪。

滑雪场里面的雪到底是怎样做出来的呢？恰好，语童小朋友和爸爸在冬天的时候，去了一趟滑雪场，接下来就让我们在他们的对话里面寻找一下答案吧！

“嗖”地一下子变成了冰

语童小朋友：哇！整个滑雪场都被雪覆盖住了呢！这些雪不是天上下的雪，而是人工做出来的雪吧？

爸爸：没错。滑雪场的积雪都是造雪机喷水变成的人造雪。

语童小朋友：啊？喷水？

爸爸：你看看远处的那个大机器，那个就是喷水的造雪机。凑近

造雪机在滑雪场里制造人造雪（东亚日报资料照片）

了看的话，就能看到它喷出来的其实不是雪，而是非常细小的小水滴。当水与压缩空气在喷嘴处接触后，它们便会朝不同的方向散去。将装有水和空气的造雪机入口打开的话，就能看到水接触到压缩空气之后，被雾化了往外喷，这样喷出来的水在没有落地之前就变成雪了。

语童小朋友：水能在一瞬间变成雪，真是太神奇了！

爸爸：热能有着热传递的特性，从温度高的一方传给温度低的一方。因此，造雪机里面喷出来的水雾，在遇到寒冷的外部空气的时候，水里面的热能就会移动到别的地方去。而没有热能之后，水滴里面的水分子就会凝结成冰晶。

语童小朋友：哇！原来人造雪是用冰晶做的呀！

在滑雪场里滑雪的人们（东亚日报资料照片）

人造雪和自然雪哪个融化得更快?

语童小朋友：滑雪场里面一直都堆着这么多雪，好像这些雪从来都不会融化一样。

爸爸：滑雪场里面的雪也是会融化的哦！滑雪场里之所以一直都有这么多的雪，是因为有好几台造雪机不停地在工作，就算之前的雪化掉了，也会立马有新的雪堆积起来。

语童小朋友：那么，这种人造雪和自然雪比起来，哪一种雪会融化得更快呢？

爸爸：当然是人造雪融化得比较快。你有没有试着用显微镜来观察天上下的雪呢？

语童小朋友：嗯，我在上科学课的时候看过图片，自然界的雪，是由水分子聚集在一起所形成的非常漂亮的冰晶，那么人造雪的冰晶，和自然雪的冰晶不一样吗？

爸爸：是啊，瞬间喷出并结晶的人造雪，由于凝结时间过短，比起那些由天上的云变成的自然雪，要松散一些。

语童小朋友：哦，所以人造雪里面的水分子活跃的空间就会更大一些，是吗？

爸爸：没错，分子运动得越快，固体就会越快地变成液体。人造雪之所以会融化得更快，其原因就在于它里面的分子比自然雪里面的分子运动得更快。

多样的冰晶（东亚日报资料照片）

语童小朋友：哇！爸爸，下雪了！如果能够在真正的雪上面滑雪的话，应该会更有趣的。不过我们还是快点坐缆车上去吧！

爸爸：好呀，不过我们说好了，你要遵守安全守则，可不能受伤哦！

更进一步

用尿不湿来制作软绵绵的人造雪

其实只要用尿不湿就可以轻松地制作仿真的人造雪。尿不湿里面有一种专门用于吸收小便的物质，叫作聚丙烯酸钠。这种物质在干燥的情况下，呈粉末状，然而只要一吸收水分，就会变成软绵绵的雪状物。

材料：尿不湿、盘子、水。

1.将尿不湿拆开；
2.将里面的白色粉末状物质倒入盘子内；
3.往盘子里倒一杯水；
4.粉末状物质在吸收了水分之后就会膨胀。
这样，人造雪就制作成了。

冬天靴子里的气味——霉味

冬天的时候，大多数人都会穿靴子，特别是里面带有绒毛的长筒靴。由于人穿上它之后，冷风就进不去，特别暖和，因此长筒靴在冬天非常受欢迎。然而，穿长筒靴比穿其他的鞋子，脚更容易出汗。

我们在穿上靴子没多久之后就会发现，不知道从什么时候开始，靴子里面有了一些奇怪的气味，明明每天都洗脚，为什么还会有气味呢？

穿过的靴子之所以会产生气味，其中一个原因便是霉菌。那么，霉菌到底是什么呢？它又是怎样形成的呢？就让我们一起来探究一下吧！

在温度和湿度较高的环境下，霉菌便会“蹭蹭”地生长

霉菌是一种肉眼看不到的微生物，在温热潮湿的环境下极易生存。迄今为止，人们发现的霉菌种类已达72000多种。无论是空气还是水里面，总之在各个地方都能发现霉菌的存在，甚至在一捧土里面，都能够

长筒靴（东亚日报资料照片）

找到几十种霉菌。

霉菌并不是通过种子而是通过孢子来进行繁殖的，就是那种仿佛灰尘一般飞在空中的孢子。若把食物放在温暖的环境下，时间久了，就能看到红色、黑色、蓝绿色的霉菌，这是因为孢子的颜色不一样，因而生长出的霉菌颜色也各不相同。

对于霉菌来说，只要是温热潮湿的环境，再加上一点点的养分就可以生存和繁殖了。无论是食物，还是墙壁、地面，都可以让霉菌得以生存和繁殖。因此，不适当的湿度、温度以及脏乱的环境，都是诱发霉菌生长的条件。

例如，在穿过的长筒靴里面，脚汗会形成很高的湿度和温度，再加上汗里面滋生的角质蛋白（构成皮肤和头发的基本蛋白质），以及灰尘当中的有机物，这些因素会形成一个有利于霉菌生长的环境。

大酱的味道，其实是霉菌的味道?

其实霉菌分很多种，有的霉菌会导致食物腐败，有的霉菌会诱发疾病。然而，也有一些对我们人体有益的霉菌，例如大酱里面的霉菌，以及一些医药品里面的霉菌。

在制作大酱的时候，酱引子是必不可少的。所谓的酱引子，就是将黄豆煮熟捣碎之后做成的酱块。做好的酱引子用稻草扎起来，放在

做大酱用的酱引子（东亚日报资料照片）

太阳底下晒干，在晾晒的过程当中，稻草和空气当中的霉菌就会进入到酱引子里面。这时，酱引子里的霉菌就会生成一种促使黄豆当中的淀粉、蛋白质分解的淀粉酶。在淀粉酶的催化作用下，黄豆便会生成大量的氨基酸和乳酸，这时，大酱香气也就出来了。

还有一些霉菌可以用于治疗疾病。1929年，英国的细菌学家亚历山大·弗莱明在研究病原性微生物的时候，偶然发现了一个令人吃惊的现象。他不小心将青霉菌掉进了培育微生物的培养基里面，没想到，那周围的病原菌却停止生长了。要知道，在青霉素发明之前，这种导致面包、米糕发霉的青霉菌，可是人们憎恶的对象啊！

弗莱明当时就想：一定是青霉菌生成了某种可以抑制病原菌生长

的物质。

这便是世界上最早的抗生素——青霉素（一种抑制细菌生长和繁殖的药品）的研发史了。

与之相反，还有一些霉菌会侵入人体从而引发一些疾病。幸运的是，这些对人体有害的霉菌，大部分都只是侵入人体的皮肤，不会造成大的危害。然而也有一些霉菌会进入人的体内，破坏人体细胞，甚至会造成人体内脏、大脑等器官的感染，带来致命的危险。

自然界当中还有一种能够腐蚀木材，导致木建筑物腐烂坍塌的霉菌，这便是以木纤维为食的木腐菌。

这种能够和白蚁相提并论，对木建筑有着超强破坏力的霉菌，对露天环境下的各种木建筑“情有独钟”。在木腐菌的侵蚀下，电线杆等一些木建筑会在短短的几年之内损坏掉。原本木建筑内部的干木材，在木腐菌的侵蚀下，全部都会变成棕色的烂木头。

“咕嘟咕嘟”的岩浆聚集在一起的话就会“砰!”

眼看着山顶开始冒烟了，烟尘遮住了天空，紧接着下一秒，灰色的火山灰就一下子全都喷发出来了。

然而，到底是什么原因导致平日里沉默的火山突然爆发的呢？火山爆发之后，又会引发怎样的情况呢？

“咕嘟咕嘟”融化的岩浆

我们脚下的大地是由几个被称为地壳的板块组成的。全球地壳分六大板块：太平洋板块、亚欧板块、非洲板块、美洲板块、印度洋板块和南极洲板块。地壳长期缓慢地移动着，地壳与地壳之间互相碰撞，会挤压出山体，接着，地下的热气体爆发出来，就形成了火山。

由于地球内部有着大量的热能，因此地球内部温度比地表温度要高出许多。火山活动是由地壳和地壳下面的上地幔所产生的热能形成的。地壳与上地幔的岩石被地下的热气体融化之后，就变成一种叫

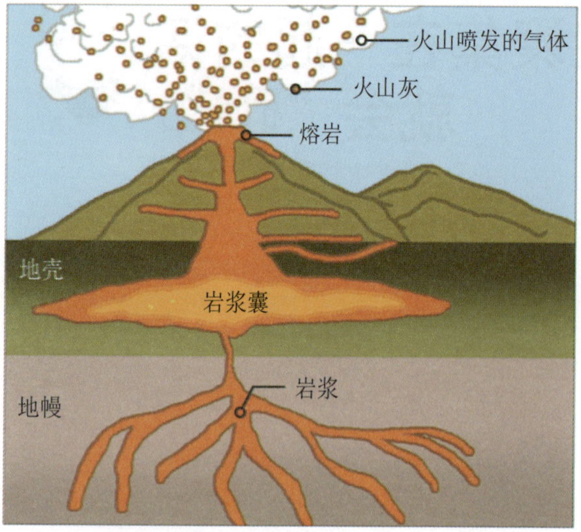

火山的构造

作岩浆的液体。而岩浆喷出之后所形成的山就是火山。喷出地表的岩浆被称为熔岩，聚集在地下的岩浆，便是岩浆囊。

巨大的压力，导致岩浆向外喷发

那么，火山为什么会爆发呢？当地下的岩浆汇集到一处的时候，压力就会增大。在巨大压力下，岩浆会朝地壳的薄弱处挤压，这时候，一旦地壳出现裂缝，岩浆就会随着地下的热气体一道喷出地表。

当你将水倒入锅中，盖上锅盖去煮的时候就会发现，在沸腾的状态下，会有水和泡沫往外溢出。那是因为水蒸气（在特定的压力和温度下呈气态的水）产生的蒸汽压导致了水和热气通过锅的缝隙向外溢出。同样，也是因为压力的作用，导致地下的热气体和岩浆向外喷发，从而形成火山。

照相机拍下的火山爆发的场景 ▶

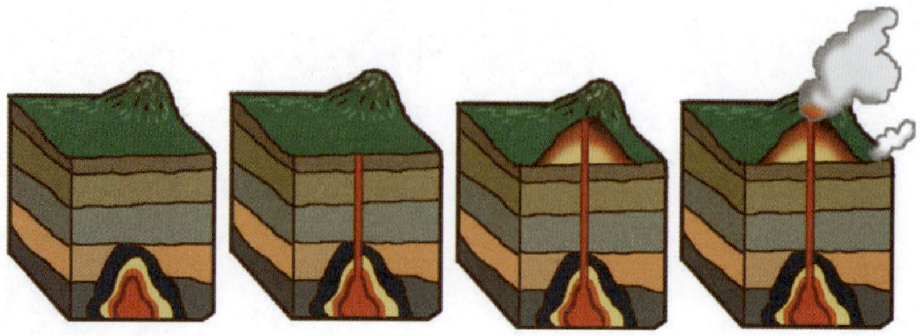

火山喷发的过程

灰色的烟尘是什么呢？

火山爆发的时候，各种气体、液体、固体全都喷发出来。火山爆发所喷发的灰色烟尘含有气体和固体两种成分。烟尘当中的气体，大部分是水蒸气；烟尘当中的固体，有岩石碎块之类的“火山碎屑物”，有圆形深灰色的“火山弹”，也有柔软的灰色火山灰等物质。

火山爆发时喷出的硫（游离态的硫存在于地壳的岩浆里）不仅对人体有害，还会影响周边农作物的生长。另外，被火山灰污染的水源，也不能饮用。

喷发出来的熔岩流具有一定黏性，冷却之后会形成火山。黏性较小的熔岩，形成的山体较矮；黏性较大的熔岩，形成的山体较高。

更进一步

制作火山爆发模型

请大家自己动手做一个火山爆发的模型，然后仔细地观察一下。酸性的食醋遇上碱性的碳酸氢钠之后便会产生水与二氧化碳。在这个过程当中产生的热量和蒸气，从狭窄的空间里面喷发出来的样子，看起来就像是火山喷发一样。

实验时的注意事项：

※ 由于是化学试验，请务必戴上塑胶手套。

※ 所有的材料均不可食用，实验结束后，请仔细清洗双手。

材料：碳酸氢钠、食醋（含色素）、洗涤剂、胶卷暗盒、盘子、黏土（棕色或红色）、木棍、塑胶手套。

1.在盘子中间放上胶卷暗盒，然后用黏土在周围做出火山的样子；

2.在胶卷暗盒中加入碳酸氢钠和洗涤剂，用木棍搅拌；

3.加入含有色素的食醋；

4.观察从胶卷暗盒里喷出的液体的样子。

陀螺能不停地旋转吗

耍陀螺是古老的汉族民俗体育游戏，流传甚广。目前，在我国很多城市和乡镇，耍陀螺已逐渐发展成为一种全民健身的体育运动。

其实，很多民俗游戏当中都蕴含着让你意想不到的科学原理呢！下面就让我们一起来看一下，耍陀螺、跳板（朝鲜族民间传统运动）、踢毽子这些游戏当中，到底有着怎样的科学原理吧！

在宇宙中永远地旋转

先将陀螺用绳子缠绕起来，然后用力抽走绳子，陀螺就会直立旋转起来。虽然陀螺的底部是尖的，但是在旋转的过程当中不会倒下，而是不停地直立旋转。那么，这又是如何做到的呢？实际上，其奥秘就在于抽走绳子的那一瞬间，绳子作用于陀螺的力。当陀螺旋转起来的时候，陀螺因运动而生成能量，并且以垂直轴为轴心不停地旋转，一直不倒。如果没有陀螺与大地之间的摩擦力以及空气阻力的话，根

陀螺旋转的样子（资料照片）

据能量守恒定律，这个陀螺会永远地旋转下去。

然而正因为有摩擦力和空气的阻力，陀螺所生成的能量会越来越少，旋转的速度会渐渐慢下来，直到最后停止旋转、倒在地上。如果是在宇宙真空环境下转陀螺的话，那么也许陀螺就会永远地旋转下去了。

蕴含杠杆原理的跳板

用稻草或者草包作为中心支撑点，支住一块长木板的中心位置，两人分别站在木板两端，彼此轮番跳起，借这一方跳起后下落的重力，将另一方弹起腾跃空中，这便是跳板游戏。为了让跳板保持平衡，木板要保持水平的状态，最佳情况就是站在跳板两边的人，体重相差不大。倘若两个人的体重相差悬殊的话，那么体重较轻的那个人朝木板的末端移一步，而体重较重的那个人朝木板的中心移一步就可以保持平衡了。这就是杠杆原理——着力点离支点越远，需要的力越小。

另外，在玩跳板的时候，需要借助对方跳起后下落的重力，把自身弹起来。这就是作用力和反作用力的关系。所谓“作用力与反作用力”就是说，A施加给木板一个作用力，木板就会施加给B一个相等的反作用力。有多大的作用力，就有多大的反作用力。因此，A跳起后下落的重力，作用于木板的一端，那么，站在木板另一端的B，就可以借助木板的反作用力高高地跃起。

毽子上有很多羽毛的原因

踢毽子是一种以谁踢的次数多为赢的游戏。毽子是一种将硬纸或布片叠好之后，裹上铜板、铁片，再将硬纸或布片的尾端撕成一条一条而制作成的游戏器具。

在踢毽子的过程当中，体现的是空气阻力的作用。毽子在落下来的时候，与空气摩擦产生阻力。空气的阻力越大，毽子落下来的速度就越慢。如果毽子上的羽毛又多又宽的话，那么就增加了它与空气接触的面积，毽子落下来的速度就会变慢；相反，如果毽子上的羽毛又小又窄的话，那么它受到的空气阻力较小，因此落下来的速度就会快一些。毽子下落的速度越慢，踢起来就越容易。因此，选择羽毛又多又宽的毽子，是赢得这个游戏的关键哦！

高效产能 VS 放射性物质的危害

古里核电站位于韩国釜山的机张郡。2015年，有很多市民聚集在釜山车站前抗议，要求永久关闭古里核电站1号机组。

古里核电站1号机组于1978年投入使用，是韩国最早的核能发电厂。2007年，古里核电站1号机在将满30年运行寿命时一度停运，然而后来又获得了政府的安全认可，将它的运行期延长了10年，也就是到2017年。

对此，当地市民们感到忧心忡忡，担心古里核电站1号机组会发生重大事故。那么，古里核电站1号机组，到底隐藏着怎样的危险，让市民们如此地不安呢？接下来，就让我们一起来了解一下，核电站的运行原理和它的优缺点吧！

越是裂变，就越是能够释放出巨大的能量

原子是由原子核以及周围的绕核电子组成的。两个质量较小的原

子核互相聚合，称为核聚变；质量较大的原子核分裂成两个或更多个质量较小的原子核，称为核裂变。在核聚变或者核裂变的过程当中，原子核会释放出巨大的能量。

利用原子核在分裂或者聚合时所释放的巨大能量，将水煮开，产生水蒸气，推动涡轮发电机转动从而产生电力，这便是核能发电的原理。

放射性物质的危险性

比起其他的发电方式，核能发电更有效率。在核能发电当中，会用到核燃料——铀。1克铀释放的能量相当于燃烧3吨煤炭产生的能量，可以说，核能是一种经济、节能的能源。

然而问题就在于，核反应的过程当中，会产生很多放射性物质。这些放射性物质对人类、动物以及地球环境都是致命的。如果将人体暴露在放射性物质下，人体内的细胞、组织就会遭到破坏，从而引发各种疾病，这也就是为什么核能发电站安全管理会被人们高度重视的原因了。

关闭四年的福岛核电站

正是因为古里核电站1号机组过于陈旧，很容易引发事故，所以市民们才会聚集起来抗议，要求关闭古里核电站。

事实上，在2012年的时候，古里核电站1号机组就发生过一次持续12分钟的断电，造成整个电力系统瘫痪。根据核专家的说法，倘若断

古里核电站（东亚日报资料照片）

电再久一些的话，原子能反应堆（一种可以控制核反应的装置）就会因为过热而融化，随后就会有大量的放射性物质扩散出来。

2011年的日本福岛核电站事故发生后，周边区域大约23万居民被迫转移。直到现在，都已经过去5年的时间了，这些居民当中还有一大部分人不能回到故乡。放射性污染下的土地，需要漫长的岁月才能够清除、恢复。

其他国家的核电站现状又是怎样的呢？

像这种核电站运行寿命已满，然而却在审查之后延长使用的情况，在全球范围内已是屡见不鲜了。

根据国际原子能机构的统计数据，目前全世界正在运行中的435个核反应堆中，有204个（46.9%）已经使用超过30年了。

在日本福岛核电站事故发生之后，有很多国家开始计划减少境内核能发电站的数量。德国政府表示，将大力开发新能源替代核能，并计划在2022年之前关闭全国所有的核能发电站。荷兰、瑞士、奥地利等国也表示将会减少国内核能发电站的数量。

我也来论述

很多国家依然使用核能发电，对此，你是赞成还是反对呢？请在下面写出你的看法和理由。

适当是“药”，过度是“毒”

根据研究发现，原本应该抑制全球变暖（地球温度上升的一种现象）的浮游植物，反而会加速全球变暖。

韩国浦项工科大学环境工学系的国钟生教授在与韩国海洋科学技术院、德国气象研究所就北极温度变化开展合作研究时发现，尽管浮游植物能够吸收二氧化碳，减缓地球变暖的速度，然而这个减缓的速度，还比不上它吸收阳光之后提高周围温度的速度。

那么，浮游植物到底是什么呢？

浮游植物是一种通过光合作用（利用阳光将水和二氧化碳转化为葡萄糖的过程）获得能量的水生生物。

水里面下雪了？

浮游生物在希腊语当中是“流浪者”的意思。它们没有移动的能力，是一些只能漂浮在水面上的弱小生物。

根据浮游生物的大小，可以将它们分为五类。

小于0.2微米的浮游生物称为超微微型浮游生物，0.2~2微米的是超微型浮游生物，2~20微米的是微型浮游生物，20~200微米的是小型浮游生物，200微米以上的是大型浮游生物。

根据浮游生物摄取营养物质的方式，可以将它们分为浮游植物和浮游动物。浮游植物是通过光合作用来吸收养分，而浮游动物则是以浮游植物和细菌为食。

浮游植物死亡后便会聚集成一团，沉到水底，看上去就像是水里面下了雪一样，因此被称为“海雪”。

浮游植物制造氧气

人类可以从浮游植物那里得到大量的氧气。浮游植物利用阳光将水和二氧化碳转化为葡萄糖，同时会释放出氧气。

大气当中70%的氧气都是浮游植物释放出来的，剩下的30%则是由树木、海藻之类的植物释放的。也就是说，我们之所以能够呼吸到氧气，浮游植物起着至关重要的作用。

而且，浮游植物是水生生物食物链的重要组成部分。浮游动物吃掉浮游植物，而后鱼类等水生生物吃掉浮游动物。水里面必须有大量的浮游动物，小鱼才能吃得饱、长得快。

在浮游植物当中，有一种叫作小球藻的植物，目前作为一种健康食品深受人们的喜爱。小球藻蛋白质含量和营养价值都很高。科学家

江面浮现绿藻（东亚日报资料照片）

们认为，说不定将来浮游植物也会成为人类的主食之一。

水变绿了

由于全球变暖，水温也跟着升高，浮游植物繁殖迅猛，变得越来越多，因此就形成了绿潮和赤潮。绿潮是水中绿藻爆发性增殖引起河川水体变绿的现象，而赤潮则是由赤潮藻引起的海水变红的现象。

由于浮游植物爆发性增殖，从而导致浮游动物也随之大量增多，而其他水生动物吃掉浮游动物的速度，还赶不上浮游动物繁殖的速度，就导致浮游动物越来越多。这些浮游动物吸收了水里的氧气，导致水里氧气严重不足，因此，每当绿潮或赤潮出现的时候，便会导致大量鱼类的死亡。

我也来论述

浮游植物给环境带来了哪些好处和坏处，请你把自己的看法写在下面。

恐龙在柔软的泥土上留下的脚印

2015年，韩国忠清南道洪城郡的一名中学老师在保宁市的海边发现了疑似1亿年前中生代白垩纪时期的恐龙足迹化石，随后他便将此事上报。专家们经过反复的调查研究之后得出结论——这的确是恐龙足迹的化石。

这次一共发现了10多个直径约30厘米的圆形恐龙足迹化石。迄今为止，在韩国境内发现的恐龙化石，大部分都集中在庆尚道和全罗南道，另外在全罗北道和忠清北道等部分地区，也曾发现过恐龙化石。而此次是韩国首次在忠清南道一带发现恐龙化石。

恐龙足迹化石到底是怎样形成的呢？为什么过了1亿年之久，还可以保存得如此完整呢？

泥土变成硬邦邦的岩石

所谓化石，就是生物的身体或活动痕迹所形成的沉积构造（岩石风化形成的颗粒）。无论是恐龙的脚印还是鸟的脚印，只要是动物爬过的痕迹，都称为痕迹化石。像恐龙骨骼化石这一类的则被称为骨骼化石。

而恐龙的足迹化石，也就是恐龙在泥土上留下的脚印所变成的化石。虽然那个脚印眼下已经变成了硬邦邦的石头，然而在当时，那里应该是一片柔软的泥土，很可能是江边或海边沙滩这种容易留下脚印的地方。越是细腻的泥土，就越容易留下明显的脚印。

常年暴露在空气当中的泥土会慢慢地变硬，包括上面的脚印也会变硬，过段时间之后，脚印上面就会有一层沉积物。这些沉积物主要是颗粒较大的沙子。在沉积压力以及温度的作用下，带有脚印的泥土会变得越来越坚硬。最初还只是柔软的泥土，在漫长的岁月之后，就变成了硬邦邦的岩石。

那么，为什么这种印着脚印的化石没有被侵蚀（风化和受到水流的冲刷）呢？原因就在于泥土的黏聚力。细腻的泥土比松散的沙粒更具有黏聚力，所以它没有被侵蚀掉。

当沉积在外表较为松散的沙粒被风吹走、被水流冲刷掉之后，就会露出下面的恐龙足迹化石。

正因为恐龙足迹化石显露出来了，所以在之后的某一天，就会被科学家们发掘出来。

博物馆里的恐龙骨骼化石

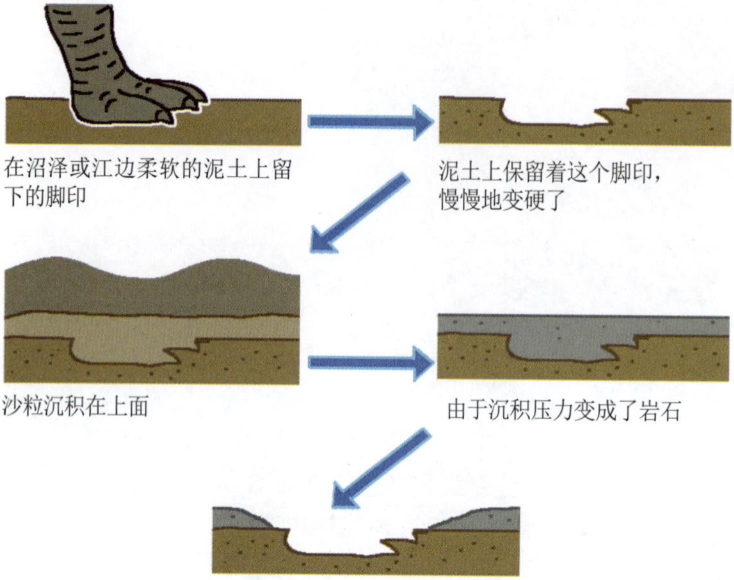

恐龙足迹化石形成的过程

通过脚印便能知道恐龙的特征

那么，这些恐龙足迹化石为什么这么珍贵呢？因为，人们可以通过对恐龙足迹化石的研究，了解恐龙的种类、步距、移动速度、体积大小等信息。

由于不同的恐龙脚趾各有不同，因此，恐龙足迹化石有圆盘形状的、巨型鸟爪形状的、尖尖的王冠形状的，不一而足。根据恐龙的脚印就可以知道该恐龙是肉食性恐龙还是草食性恐龙。比如，尖尖的利爪形状的脚印，就意味着这是一只肉食性恐龙。

韩国南海岸一带发现的恐龙足迹化石（东亚日报资料照片）

另外，通过脚印的长度和宽度，便可以推断出这只恐龙的体积有多大以及它当时是行走的还是跳跃的。大部分恐龙脚掌到骨盆之间的长度是自身脚印长度的4倍。这样一来，单单通过脚印的长度，就能推算出恐龙的体积了。

我也来论述

请你说明一下恐龙足迹化石形成的过程，并写在下面。